九堂课读懂名著

儒林外史

儒林深深，兴味几许

连中国　主编

海豚出版社
DOLPHIN BOOKS
中国国际传播集团

图书在版编目（CIP）数据

儒林外史：儒林深深，兴味几许 / 连中国主编．
北京：海豚出版社，2025.4．--（九堂课读懂名著）．
ISBN 978-7-5110-7400-3

Ⅰ．G634.333

中国国家版本馆 CIP 数据核字第 2025XK3911 号

九堂课读懂名著
儒林外史·儒林深深，兴味几许
连中国　主编

出 版 人	王　磊
责任编辑	肖莹莹
封面设计	肖勇
责任印制	于浩杰　蔡　丽
法律顾问	北京市君泽君律师事务所　马慧娟　刘爱珍
出　　版	海豚出版社
地　　址	北京市西城区百万庄大街24号　　邮　编　100037
电　　话	（010）68325006（销售）　（010）68996147（总编室）
传　　真	（010）68996147
印　　刷	小森印刷（北京）有限公司
经　　销	新华书店及各大网络书店
开　　本	16开（710毫米×1000毫米）
印　　张	10
字　　数	100千
版　　次	2025年4月第1版　2025年4月第1次印刷
标准书号	ISBN 978-7-5110-7400-3
定　　价	38.00元

版权所有　侵权必究

序言

为"人"而读，因"分"成长

连中国

  清晨，瀑流般的阳光自高远的天庭跌落，珠光万点，泼洒迸溅。一个个孩子步入校门，道别，叮嘱，离开，步入……这已经升华为一种仪式，直到孩子在校园中渐行渐远，潮水平息。我想这是青少年时代最富哲学与生命意味的一幅画面。关于教育的一切都该从人出发，一切都应该回归于人。

  人阅读的意义有很多，但从教育的角度思考，核心的一个意义便是——呵护人，培育人。人应该因为遇到了一本书，而有所"诞生"。因为"诞生"而获得一种重要的发展。人的发展是教育中的硬道理。

一、整本书阅读的现状与困境

  统编版语文教材对初高中整本书阅读都做了必要的推介与要求，整本书阅读也在全国呈现出方兴未艾之势。但是在此过程中，功利化、应试化、概念化的倾向也比较明显。家长、教师都希望孩子通过提高阅读能力在考试中多得分，这固然没有错，但其中有两个重要的事实却常常为我们所忽视：其一，人不发展，如何得分？其二，人不能充分发展，要分又有何用？

  今天，一提到阅读，很多人在学生还没有得到充分发展的时候，就习惯于马上想到考试与分数，这样一种思维方式普遍流行于教学中。我常常关注整本书阅读教学设计，很多时候，在看似缜密的、逻辑化的教学设计当中，竟然找不到读者（师、生）真切阅读的任何细节。这是不符合阅读规律的。真切有效、富有启发性的阅读细节是读者得以成长的"泥土"。

  以我自己对学生的培养状况来看，优秀的考生可以给出考试所需要的东西，而一张试卷又绝不能限定他们的所获所得，面对试题他们灵活地做了取舍与裁定。随着语文教育改革不断深入，我们的语文考试策略也已经开始向提升人的整体素质方面转变。

二、我的核心阅读观：为人而读

人处在青春年华的时候，一切都是敏锐而澎湃的，对外在的信息具有吸纳力与思考力。将一个活泼的、有创造力、有生机、有活力、新鲜爽朗的"人"真切地招引呼唤出来，这是阅读之于人的重要意义。

卡尔维诺说："经典作品是这样一些书，我们越是道听途说，以为我们懂了，当我们实际读它们，我们就越是觉得它们独特、意想不到和新颖。"一个孤立而单薄的"个人"因为遇到了一本书，他得以步入了一个更为开阔与宏大的"场"，正是这个"场"帮助他更清晰地看到他的处境与处境中的那个自己；在与这个"场"的交汇与触碰中，他的内部世界得以充分地拓展与发育，自觉与内省。他开始突破"当前"，向更广远、深邃的部分出发、触探。书因为人而被拓展了，也走远了，人因为书有了更辽阔的支撑与更深广的眺望，人与书逐渐确立了一种"个人关系"。这样一种"个人关系"对于学生的成长具有深远重要的意义。

因此，整本书阅读的核心策略，首先应该契合阅读内在而重要的规律，这个规律应该是"立人"的。再者，它应该是简捷高效的，如若阅读策略本身臃肿、死板，而且似是而非，我想这对于现在学生的阅读是大有损伤的。

三、改进与突破：九堂课为阅读领航

阅读是复杂的心智活动，搅得起还需拢得住。在学生培养阅读习惯的重要阶段，如果没有教师适时地参与，仅靠学生在阅读过程中自然获得，相当多的学生会有读"跑"了的可能，再加之现实课业压力的逼迫与侵占，读完、读懂、读透整本书成了遥不可及的目标。

整本书阅读强调以学生自读为主，师生共读为辅。如何让整本书阅读既切中于人内在、全面、深入的真实发展，又能有效推动学生提高成绩，亦要深度契合阅读内在的规律？我想，师生可以核心把握"三个维度"和"六个方面"。这套书用九堂课对它们进行了逐一讲解。

（一）有关"三个维度"

首先，推动整本书阅读应该把握三个维度：怎么读、读什么、读出什么，即师生在"怎么读"的整体规划中，把握整本书阅读的内在节奏，详略得当、多侧面地把握"读什么"，同时注重阅读中的生命体验，努力追求"读出什么"。

1. 怎么读

"怎么读"即整本书阅读推进的步骤与策略。整本书阅读需要我们找到打开全书核心价值与灵魂的那个"法门"。本书在第一堂课中，启发学生自我构建，找到打开整本书的"法门"，教师亦提出主张供读者借鉴。

2. 读什么

整本书阅读容量大，篇幅长，如若在具体内容上不分详略、不论侧重、不讲精粗，一味读下去，阅读的效果会大打折扣。不少学生读了前面忘记后面，还有的学生难以发现其中的价值与趣味，阅读变成了枯燥乏味的"完成"。第二堂课"读什么"，对全书精要内容进行择选，指出紧要关节处和牵一发而动全身之处，并针对关键点开展必要指导，以此来突出重点，解决难点，区分详略，勾连前后，深化内容，逼近主旨，进而取得更为良好的阅读效果。

3. 读出什么

阅读是作品、作家与读者的一次生命相遇。因此，第三堂课"读出什么"，在理解原著的基础上强调兴味与智慧，强调阅读中的"遭遇"与创造力，强调读者内在的积累与个性，是读者（师生）优质阅读个性非常重要的展现。这堂课重点展现读者观点的交锋、思维的碰撞，展现作品的深沉与宏大。

（二）有关"六个方面"

在解决"怎么读""读什么"和"读出什么"的过程中，有一些阻碍阅读的问题也不容忽视，比如，缺乏阅读兴趣，感觉书中内容与己无干，或者找不到适合自己的读书方法，等等。为此，我总结出整本书阅读中至关重要的六个方面。

1. 读书兴味

在阅读的意义与价值里，产生读书的兴味是十分重要的，它会给阅读者带来愉悦舒畅的读书体验。读书的兴味可以在学生自读、勤读、多读中产生，也可以由师生的阅读对话来引导和触发。第四堂课，教师抛出众多好玩、引人深思的话题，带领学生领略名著精妙独特之处，感受体悟原本一个个普通无奇的文字一旦融入心之大海、一旦步入思之高峰之后的雄奇斑斓与无限高耸。

2. 读书方法

读书方法并不像交付一样东西那样是可以直接传递的，它是在交流、思考、运用中获得的。第五堂课，教师将结合具体作品向学生介绍名家的读书方法以及教师总结的读书方法，更重要的是帮助学生诞生行之有效、契合自身特点的读书方法。

3. 反复关联

读书若不能切己关联，将自我的生命投入在作品深处，即便阅读再伟大的作品，也有可能只是一种泛泛的消遣。第六堂课，教师将引导学生在不同的时段、不同的资料背景下，调动自己内在的积累，反复读，反复与自身关联，让作品不断地与自身发生内在作用，推进自己的体验与思考，读出经典作品的时代意蕴。

4. 逼近作品

伴随着阅读的深入，作家的经历与情感成为读者关注的重要因素。第七堂课，教师将启迪读者在文字的波海中，读出作家的生命特质与生命起伏。这是一种对作品、对作家的逼近。

  5. 宏微关照

  阅读名著，如果没有对局部（细节、语言）的真切体验，对整体的感受与理解一定难脱窠臼。宏微之间必须要有内在的照应，相互佐证。第八堂课试图从宏观叩问主题，从微观感受局部，发现其内在关联。

  6. 资源整合

  最后一堂课，将整本书阅读与课内外学习资源进行适度整合，并列举一些考试题目供学生参考，既能减轻学生的负担，也对阅读本身起到了很有益的推动促进作用。

  由"三个维度"和"六个方面"组成的九堂课共同构建起一个整本书阅读的经纬交织的"火力网"，以便达到简捷高效、有助于人的功效。

四、期待与可能

  我们邀请来自全国各地的160余位教师共同编著这部《九堂课读懂名著》丛书，旨在展现如何通过把握"三个维度"和"六个方面"推进整本书阅读，分享教师们富有启发性的阅读路径和真实细节，希望对读者朋友们有所帮助。

  这套书的核心追求可以概括为：为"人"而读，因"分"成长，简捷精要，纲举目张，省时高效，提挈核心。在关注人真切成长的过程中，助力学生提高成绩；以最节约的时间，将阅读落实到每一个期待成长的生命里。

  因丛书囊括的名著部头大、解析难度高，且撰写时正值疫情期间，主创团队缺少面对面交流的机会，限于种种条件，肯定会有不尽如人意之处，在此恳请读者朋友们批评指正，也感谢大家的包容与谅解。

  感谢海豚出版社的编辑朋友们，他们认真踏实的工作作风，为丛书增色不少。

丛书主编 连中国

本册主编 谢政满

编著成员（以篇目先后为序）

陈海印　何湘军　吴子玉

牟　颖　张　颖　江明科

郭林林　牛　杰　陈　迪

核心内容介绍

　　《儒林外史》是清代吴敬梓创作的一部伟大的现实主义长篇讽刺小说。儒林深深，披文入情，沿波讨源，别有洞天。读《儒林外史》，看儒林众生百态，看宦海沉浮变幻。宦海中的挣扎，人性的扭曲，成功与失意，沉醉与清醒……投射着作者深切的悲悯情怀。《儒林外史》笔触辛辣，讽刺手法高妙娴熟，人物性格刻画细腻，只言片语间，见腐儒之灰暗、名士之明快，让读者顿感儒林之兴味。这样一部经典名著，岂可错过？

　　本书旨在引导读者总结阅读方法，积累阅读经验；走近作者，体验作家的生命特质，探求人物命运辐射出的生命主题；叩问主题，品味细节，从浅读到深读，探究主题与艺术技巧之间的逻辑；勾连相关资源，融汇阅读积淀，深入感悟……如此富有广度、深度的整本书阅读，定能帮助你认识真实的人性、人生和社会，实现自我更新和成长。

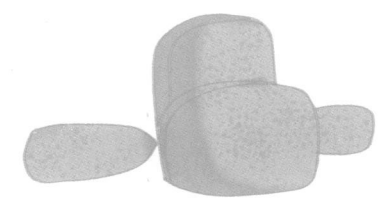

明清科举考试概览

次序	一考		
考试类型	童生试		
	县试	府试	院试
考试地点	县	府	府
主考官	知县	知府	各省学政
参考条件	童生	童生	童生
通过后的身份	童生	童生	秀才（生员、茂才）
第一名称号	县案首	府案首	院案首
考试时间	多在二月	多在四月	各府考试时间不同
又称	—		
榜名	—		

二考	三考	四考	
乡试	会试	殿试	
京城或各省	京师	皇宫	
皇帝从京官中任命	皇帝从京官中任命	皇帝	
秀才／监生	举人	贡士	
举人	贡士	进士	一甲：赐进士及第
			二甲：赐进士出身
			三甲：赐同进士出身
解元	会元	一甲第一名：状元；第二名：榜眼；第三名：探花 二甲、三甲第一名：传胪	
子、卯、午、酉年八月（三年一次）	乡试次年二月	会试同年三月	
秋闱	春闱	—	
桂榜	杏榜	金榜（黄榜）	

"九堂课读懂名著"实施路径

三个维度：纲举目张，提挈核心

第一课：怎么读
规划整本书阅读策略与步骤，找到打开全书核心价值与灵魂的"法门"。

第二课：读什么
择选全书精要，以简驭繁，突出重点，解决难点，区分详略，勾连前后，逼近主旨。

第三课：读出什么
呈现个性化的优质阅读成果，读出观点交锋、思维碰撞、作品的深沉与宏大。

六个方面：简捷高效，有助于"人"

第四课：读书兴味
品鉴作品艺术特色及思想内涵，多角度触发阅读兴味，带来愉悦舒畅的阅读体验。

第五课：读书方法
吸收借鉴名家、教师的读书方法，形成契合自身特点的行之有效的读书方法。

第六课：反复关联
反复读，反复与自身关联，让作品不断地与自身发生作用，促进生命的拓展与发育、自觉与内省。

第七课：逼近作品
从字里行间看见作品背后的"人"，读出作家的生命特质与生命起伏。

第八课：宏微关照
宏观叩问主题，把握整体，微观感受局部（细节、语言），加以佐证，发现宏微之间的内在关联。

第九课：资源整合
整合课内外学习资源，高效推动整本书阅读；精选考题举一反三，助力提高语文成绩。

目录

整读、速读、细读、深读·001

整读与速读：整体感知　　　　　　　　002
细读与深读：微观分析　　　　　　　　005

读儒林众生相，读讽刺妙手法·015

读儒林众生相，悟作品内涵　　　　　　016
读讽刺妙手法，赏艺术魅力　　　　　　027

一入儒林深几许，细嚼慢咽方可得·033

人物塑造艺术　　　　　　　　　　　　034
叙事艺术　　　　　　　　　　　　　　042
语言表达艺术　　　　　　　　　　　　048

涵泳会意，兴味自来 · 053

  各色风物自有兴味   054
  妙笔生花感悟兴味   062

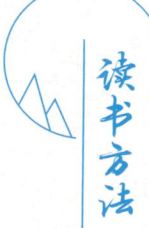

读书要行之有法 · 065

  背景阅读法，奠定阅读基础   066
  整体通读法，理清小说文脉   068
  精读提炼法，赏析手法，品味人物   070
  比较归纳法，体会人物的典型意义与个性特点 073
  主题阅读法，深入探究小说主旨   076

深入品读《儒林外史》的多重意味 · 079

  在关联中读范进中举的多重意味   080
  在关联中读作者的高妙手法   085
  在关联中读深层的儒生情怀   091

逼近作品

探求作家、作品内在之气 · 095

  走近作家，体味笑中带悲的生命特质   096
  逼近作品，感受汹涌澎湃的文字之气   100

宏微关照

见微而知著 · 109

  研读情节细节，叩问作品宏观主题   110
  品味人物细节，叩问作品宏观主题   114
  感悟讽刺魅力，探究作品艺术规律   118

资源整合

《儒林外史》的多种打开方式 · 123

  整本书阅读专题探究   124
  拓展阅读推荐   127
  试题链接   128

怎么读

整读、速读、细读、深读

《儒林外史》是清代小说家吴敬梓创作的以知识分子为主要描写对象的长篇小说，真实而又深刻地揭示了古代知识分子人性被扭曲的现象和原因，深刻地批判和讽刺了古代吏治的腐败、科举的弊端和封建礼教的虚伪，同时也热情地歌颂了一少部分人出淤泥而不染的高贵品格，寄寓了作者的人生理想。我们可以采用小组合作、专题阅读的方式，通过整读、速读、细读、深读，鉴赏人物形象，赏析小说语言，提高阅读整本书的能力。

 **整读与速读：整体感知**

《儒林外史》共五十六回，虽然说是长篇小说，但是整部小说并没有贯穿始终的中心人物或者线索人物，而是采用了类似连环短篇的结构方式。

小说主要是通过塑造人物形象揭示主题，这是小说和散文、诗歌等文体最大的不同之处，因此在阅读《儒林外史》时，要把鉴赏人物形象作为重点。

《儒林外史》是用古白话文写成的，夹杂着一些文言的成分。我们可以快速阅读整部小说，整体感知这部小说的风貌，了解大致的情节，梳理小说塑造的人物形象，如王冕、杜少卿、严贡生、严监生、周进、范进、汤奉、王惠、匡超人、沈琼枝等，并初步感悟小说的主题。在此基础上，通过小组合作的方式鉴赏人物形象，具体做法如下：

每人从《儒林外史》中选择一个人物（不要选重），并对选择的人物进行介绍。可以按照这样的格式来介绍：身份＋

性格特点+主要事件（一个或两个）+简要分析（可从语言、动作、肖像等角度分析）。完成后，在小组内进行展示交流，也可以互相修改和评价。

《儒林外史》人物形象之汤奉

　　汤奉是高要知县，是贪官酷吏的代表。作者先通过侧面描写简要勾勒汤奉的性格特点，严贡生向范进、张静斋这样介绍汤奉："汤父母为人廉静慈祥，真乃一县之福。"然后作者又通过严贡生之口揭示了汤奉鱼肉百姓的事实，如此"清廉"的知县，一年下来居然也搜刮了八千两银子。小说描写了汤奉苛待百姓的两件事：第一件事，他亲自在小偷脸上写了"偷鸡贼"三个字，用枷枷了小偷，还把偷的鸡头向后、尾向前捆在小偷的头上；第二件事，朝廷有禁杀耕牛的禁令，汤奉为了升官，听从了张静斋的建议，严惩为断牛肉而前来求情的老师夫，致其死亡。这两件事表明汤奉毫无人性，作者生动形象地塑造了一位貌似遵纪守法、实则贪赃枉法的地方官形象，揭示了汤奉欺压百姓的恶行和一心想着升官发财的心理。作者通过塑造汤奉这个人物，深刻地揭露了封建社会的父母官凭借权势剥削百姓的黑暗现实。

《儒林外史》人物形象之沈琼枝

沈琼枝是儒生沈先生的女儿，是一位奇女子，是作者极力赞颂的出淤泥而不染的女性形象，也是小说中为数不多的正面人物形象。不同于传统女性，沈琼枝具有清醒的自我认识和强烈的反抗精神，她才貌双全，自尊自立，有胆有识。当沈琼枝怀疑盐商宋为富并不把自己当作正室之后，她来到宋家，坐在大厅张口便说："我常州姓沈的，不是甚么低三下四的人家！他既要娶我，怎的不张灯结彩，择吉过门？把我悄悄的抬了来，当做娶妾的一般光景；我且不问他要别的，只叫他把我父亲亲笔写的婚书拿出来与我看，我就没的说了！"[1]当沈琼枝断定宋为富将她做妾后，她没有贪恋宋家的富贵，而是乔装打扮，买通丫鬟，逃出宋家。作者一连用了"打（包）""穿""扮做""买通""走"五个动词，生动地展现了沈琼枝的机智和勇敢。为了不连累父亲，沈琼枝只身来到南京城，靠挂招牌卖诗文为生，表现了她难能可贵的自立精神。

整读与速读时，要大致了解作品的主要内容，把握主要的人物形象，获得对作品的整体认知。

1.吴敬梓.儒林外史[M].北京：人民文学出版社，2022：366.

 细读与深读：微观分析

在整读和速读的基础上，我们还要进行细读和深读，可以设置不同的阅读专题，比如赏析小说的语言。《儒林外史》是古代讽刺文学的高峰，阅读这部名著时，要把鉴赏讽刺艺术作为重点。在小说中，作者常采用夸张、对比、细节描写等手法，或者通过描写节外生枝的情节、场景，来暴露对象的缺点和可笑之处，从而产生幽默和讽刺的效果。

通过夸张的手法进行讽刺

文学小窗

夸张：一种修辞手法，指为了表达上的需要，故意言过其实，对客观的人物、事物尽力做扩大或缩小的描述。

小说中的夸张是为了突出描写对象的某些特点，强化思

儒林外史
儒林深深，兴味几许

想感情，从而更深刻地揭示人物的本质，塑造鲜明而生动的人物形象。例如，在小说《装在套子里的人》中，契诃夫就运用了夸张的手法，描写了别里科夫怪异的行为习惯，"这人总想把自己包在壳子里，仿佛要为自己制造一个套子，好隔绝人世，不受外界影响"，讽刺了他躲避外界事物、谨小慎微、保守的性格特点，让人在忍俊不禁中陷入沉思。

在《儒林外史》中，吴敬梓经常采用夸张的手法对人物进行讽刺。

范进中举

范进中举后，"看了一遍，又念一遍，自己把两手拍了一下，笑了一声道：'噫！好了！我中了！'说着，往后一交跌倒，牙关咬紧，不省人事。老太太慌了，慌将几口开水灌了过来，他爬将起来，又拍着手大笑道：'噫！好！我中了！'笑着，不由分说，就往门外飞跑，把报录人和邻居都吓了一跳"。

作者采用了漫画式的夸张手法，描写了范进中举后的失常言行，刻画了他喜极而疯的丑态，揭露了"十年窗下无人问，一举成名天下知"的科举时代的社会现实，讽刺了科举制度对人性的戕害。

范进中举后，乡邻都来巴结他，送了他很多田产。当范进一家搬进张静斋送与的房子后，范进的母亲"把细磁碗盏和银镶的杯盘逐件看了一遍，哈哈大笑道：'这都是我的了！'大笑一声，往后便跌倒。忽然痰涌上来，不省人事"，最后一命呜呼！

中举不仅能让人喜极而疯，还能让人喜极而死！作者用源于现实又高于现实的夸张手法，讽刺了科举制度对人精神和生命的伤害，让读者在笑声中深刻地理解当时的社会现实和人情、人性。

周进落榜

范进中举后发了疯，而周进未考中时也发了疯。

周进六十多岁还是个童生，靠在村里私塾中教书养家糊口，后来失业了，生活艰难，就跟随姐夫到省城经商，替他记账。周进姐夫花几个小钱，满足了周进参观贡院的要求。"周进一进了号，见两块号板摆的齐齐整整，不觉眼睛里一阵酸酸的，长叹一声，一头撞在号板上，直僵僵不省人事。"众人用水灌醒后，"周进看着号板，又是一头撞将去。这回不死了，放声大哭起来……周进也不听见，只管伏着号板哭个不住；一号哭过，又哭到二号、三号；满地打滚，哭了又哭，哭的众人心里都凄惨起来……哭了一阵，又是一阵，直哭到口里吐出鲜血来"。亲友们同情他，答应为他花钱捐一个监生进场考试，周进不再哭了："若得如此，便是重生父母，我周

进变驴变马,也要报效!"说完他趴到地上磕头道谢。

一位六十多岁风烛残年的老人,仍然热衷于科举,哭也科举,笑也科举。作者正是通过漫画式的夸张手法,描写了周进惊人的举动,揭露和讽刺了他汲汲于功名富贵的心理,真实而又生动地揭示了科举对古代读书人心灵的戕害。

通过对比的手法进行讽刺

文学小窗 对比:指把互相矛盾的事物放在一起进行比较,突出其不合理性,往往会产生讽刺的效果。小说中人物形象的对比主要有两种方式:横向对比和纵向对比。横向对比是指把性格不同的人物形象放在一起进行对比,通过对比、衬托,从而使人物形象更为鲜明突出。纵向对比是指把同一人物前后不一致的言行进行对比,充分展现人物自身的矛盾,突出人物的本质特征。

在《儒林外史》中,作者经常从日常生活中提炼典型的情节,在对比中塑造人物形象,通过讽刺再现生活的本质。

对比人物的不同境遇

作者善于把人物不同的境遇进行对比。范进在中举前,衣

食无着,"只见那穿麻布的童生上来交卷,那衣服因是朽烂了,在号里又扯破了几块"。范进受尽了世人的白眼和嘲讽,就是他的丈人——胡屠户,也经常奚落他。他参加乡试回来,"家里已是饿了两三天。被胡屠户知道,又骂了一顿"。一朝中举,范进的境遇就发生了翻天覆地的变化,丈人胡屠户对他的称谓变成了"贤婿老爷",许多人都来奉承他,又是送金银,又是送田产,张乡绅还送给范进一套房产。作者通过范进中举前后境遇的对比,揭露了封建科举制度的不合理性,辛辣地讽刺了当时世态炎凉的社会风气和趋炎附势的人性弱点。

对比人物的前后性格

作者还擅长将人物形象前后不同的性格特点进行对比。匡超人本来是一名淳朴的青年,他孝顺父母,善待兄嫂,勤劳能干。后来,匡超人迷失于科举之路,追求功名富贵,失去了本性,变得虚荣、虚伪,堕落成一个无耻的文人。他伪造官府公文牟利,朋友潘三出事以后,他生怕连累自己,逼着妻子躲到老家去。他来到京城后又撒谎没有结婚,娶了李给谏的外甥女,珠围翠绕,宴尔新婚,享尽了荣华富贵。昔日的好青年早已变成朝三暮四、毫无节操的不良文人。作者通过匡超人前后性格的变化,讽刺了在功名利禄面前人性的蜕变。

对比不同人物的言行

作者还善于描写重要人物身边小人物的言行,和重要人物形象进行对比。王蕴是一位笃信封建礼教的老秀才,女婿去世后,他赞成女儿殉节,并告诉女儿这是青史上留名的事。公公婆婆劝说儿媳妇:"快不要如此!"王蕴的妻子得知后"痛哭流涕,连忙叫了轿子,去劝女儿"。作者通过描写公公婆婆和王蕴妻子符合人情的正常举动,和王蕴的言行进行对比,讽刺了王蕴腐朽麻木的思想和荒诞不经的礼教观念。

通过细节描写进行讽刺

文学小窗

细节描写:指在作品中对一些富有艺术表现力的细小事物、人物的某些细微的举止行动,以及景物等进行细腻的描写。小说中的细节描写对于塑造人物形象、推动情节发展、表现生活环境有着重要作用。在小说中,作者常常对人物的语言、动作、神态、心理进行细节描写,以此来展现人物内心世界,揭示人物性格特征,增强小说的艺术感染力。

在《儒林外史》中，作者经常采用细节描写，刻画人物心理和性格，对人物丑陋的灵魂进行讽刺。

比如，作者这样描绘周进的形象：

> 头戴一顶旧毡帽，身穿元色绸旧直裰，那右边袖子同后边坐处都破了，脚下一双旧大红绸鞋，黑瘦面皮，花白胡子。（第二回）

通过对周进穿着和肖像的描写，刻画了他寒酸的破落户形象，讽刺了他汲汲于科举的麻木性格。

匡超人考取教习后，吹嘘自己为"先儒"，牛布衣解释所谓"先儒"乃已经去世之儒者，匡超人满面羞愧，却不肯承认错误，和牛布衣强词夺理。这处细节描写既写出了匡超人的自命不凡，又讽刺了他的不学无术，读来不禁令人捧腹。

范进中举后，跑到门外，"一脚踹在塘里，挣起来，头发都跌散了，两手黄泥，淋淋漓漓一身的水，众人拉他不住，拍着笑着，一直走到集上去了"。作者通过细致地描写范进的一举一动，讽刺了他在中举后得意忘形、喜极而疯的丑态。

汤奉是《儒林外史》中酷吏的典型，作者详细地描写他如何对待一个偷鸡贼：

儒林外史
儒林深深，兴味几许

因取过朱笔来，在他脸上写了"偷鸡贼"三个字，取一面枷枷了，把他偷的鸡，头向后，尾向前，捆在他头上，枷了出去。才出得县门，那鸡屁股里啯喇的一声，疴出一抛稀屎来，从额颅上淌到鼻子上，胡子沾成一片，滴到枷上。两边看的人多笑。（第四回）

这处细节描写，从侧面讽刺和鞭挞了汤奉作威作福、粗暴蛮横的丑恶嘴脸，揭开了封建社会黑暗官场的冰山一角。

通过描写节外生枝的情节或场景进行讽刺

文学小窗

节外生枝常常用来比喻在原有问题之外又岔出了新问题。小说中的节外生枝是指在主要情节的基础上设置出人意料又合乎情理的次要情节。在小说中，这些出人意料的次要情节往往会让整个故事波澜起伏、曲折生动，激发读者阅读兴趣，同时又对塑造人物形象、揭示小说主题起到出奇制胜的效果。

插科打诨经常出现在戏剧表演中，指演员在演出中穿插些滑稽的话和动作来引人发笑。在《儒林外史》中，作者通过描写出人意料的情节或场景，来达到插科打诨的效果，让

读者在笑声中感受讽刺的意味。

在第十回《鲁翰林怜才择婿　蘧公孙富室招亲》中，鲁府张灯结彩，大摆夜宴，众宾客听曲看戏，十分热闹。在一派祥和欢庆的气氛中，出现了两个搞笑的情节。先是从房梁上掉下来一只老鼠，不偏不倚，恰好掉在滚烫的燕窝里，"那老鼠掉在滚热的汤里，吓了一惊，把碗跳翻，爬起就从新郎官身上跳了下去，把簇新的大红缎补服都弄油了"。后来，仆人因为分心，把两碗粉汤打碎在地，两条狗争着吃，仆人怒从心头起，飞起一脚去踢，没想到狗没有踢到，反而因用力过猛，把鞋踢飞了，鞋飞到宴席上，搅了席。这两处大煞风景的节外生枝的描写，生动地讽刺了那些所谓得志的读书人纸醉金迷的生活。

※　　※　　※

我们在阅读《儒林外史》时，要把整读、速读、细读、深读等方式结合起来，立足文本，充分利用好鉴赏小说人物形象和品味讽刺艺术这两把钥匙，领略《儒林外史》独特的艺术魅力。同时，还要立足时代，既要了解小说的时代背景，理解作者对科举制度、对人情人性进行的讽刺，还要从当代人的角度对小说进行关照，反思当代人的人性和价值观。

读儒林众生相,读讽刺妙手法

  《儒林外史》是由清代讽刺小说家吴敬梓创作的章回体长篇小说,书中大部分人物、情节都有当时真人、真事的影子。作者以自己对生活的深刻认识,把功名宦海中的沉浮变幻、富贵利禄中的人生百态刻画得入木三分,真实地描绘出了一幅具有巨大震撼力的社会生活画卷。

  面对这样一部讽刺小说,我们要读小说中的儒林众生相,悟作品内涵;还要读小说的讽刺手法,欣赏小说的艺术魅力。

 ## 读儒林众生相，悟作品内涵

《儒林外史》共五十六回。认真阅读回目，我们就会发现，这部小说人物众多，故事纷繁。仅回目中就有周学道、严监生、蘧公孙、匡超人、牛浦郎、杜少卿、沈琼枝等几十人。可知这是一部主角不断变化的长篇小说，或者说是由众多短篇小说连缀而成的长篇小说。读《儒林外史》，我们首先要读作者塑造的各类人物。

读贪假之人

贪假之人主要是指贪婪、虚伪、品行恶劣之人。他们为人无情无义，为官只想敛财。贪假之人的代表当属王太守和严贡生。

贪官——王太守（王惠）

进士王惠被任命为南昌知府，但因为交盘（前后任官员

关于账目、公物、公事等的核查及交代）的事，王惠不肯交接。卡了前任蘧太守两千两银子后，王惠方才满心欢喜地办理交接。

他上任的第一件事，不是询问当地的治安，不是询问黎民生计，不是询问案件冤情，而是询问地方人情，了解当地有什么特产及各种案件中有什么地方可以通融。接着，他定做了一把头号的库戥，将衙门中的六房书办统统传齐，问明了各项差事的余利，让大家将钱财归公。从此，衙门内整天充斥着戥子声、算盘声、板子声。衙役和百姓一个个被打得魂飞魄散，睡梦中都战战兢兢。

王惠本人的信条是"三年清知府，十万雪花银"。朝廷考察他的政绩时，竟一致认为他是"江西第一个能员"。后来宁王叛乱，王惠被俘，因江西能员的威名而免于被杀，降了宁王。

王惠凭借科举得意，升官发财，作威作福。贪狠、蛮横的王惠是科举制度豢养的贪官污吏。他的所作所为暴露了科举制度的罪恶，同时也反映了当时整个封建吏治的腐败不堪。

伪君子——严贡生

严贡生是严监生的哥哥。严贡生说自己是一个为人率真，在乡里之间从不占人半分便宜的人。可实际上他扣住了人家的猪，非但不还，当人家来讨猪时，还大言不惭地让人家按市价花钱买。

他的弟弟严监生病重，临死前也不见严贡生来询问、关心；直到严监生死后过了十几日，严大老官才从省里科考回来了。科举所带来的利益在严贡生眼里远远比亲情重要。严贡生回到家并没有立即去看望死者，而是先回家收拾，直到看见赵氏派人送来的严监生留给他的绸缎和银子才换了孝巾，到严监生柩前"下了两拜"。他要侵吞同胞兄弟的家产，因此硬不承认赵氏已经扶正的事实，把赵氏赶到厢房去住，仍按照对待妾的礼节对待她，并说什么"我们乡绅人家，这些大礼，都是差错不得的"。

严贡生不想给船家船钱，故意用几片云片糕设下圈套，装模作样地说船家吃的是他名贵的药物，价值"几百两银子"，并扬言要把船家送到汤老爷衙里问罪，直到赖了船钱才扬长而去。

严贡生是一个六亲不认、欺负弱小、奸诈贪婪、极端自私的人。《儒林外史》通过严贡生这个人物，进一步揭露了当时封建科举制度下一些文人的虚伪、狡诈，表达了作者强烈的讽刺意图。

读迂腐之人

迂腐之人是指那些拘泥守旧，思想陈腐、呆板之人。他们专攻笔墨文章，却曲解圣人之意。迂腐之人的代表当属王玉辉和马纯上。

迂夫子——王玉辉

王玉辉是一个六十多岁的老秀才。他家离城十五里，有一儿四女，大女儿在娘家守节，另外三个"都出阁不上一年多"。

王玉辉的三女婿病重，用药无效，几天后就去世了。王玉辉的女儿哭得"天愁地惨"，决定"辞别公婆、父亲，也便寻一条死路，跟着丈夫一处去了"！公婆两个听见这话，急忙苦劝；而王玉辉却对女儿道："这是青史上留名的事，我难道反拦阻你？"

在女儿绝食而死之后，王玉辉对大哭不止的妻子说："你这老人家真正是个呆子！三女儿他而今已是成了仙了，你哭他怎的？他这死的好，只怕我将来不能像他这一个好题目死哩！"因而他仰天大笑："死的好！死的好！"

王玉辉不阻拦，甚至还鼓励女儿殉夫，这样狠心，实在可恨；然而他却是真心诚意地认为自己做的是符合圣贤之道的好事，所以在他看来，骂他呆的妻子才是不懂圣贤之道的呆子。他的愚昧、迂腐、执迷不悟可见一斑。

腐儒——马二先生

马二先生是《儒林外史》中塑造的众多小知识分子之一，名马静，字纯上，人称马二先生，系浙江处州府生员、八股文选家。马二先生"是个举业当行"。小说里他出场时在文海楼书坊选批八股文章，以供士人研读。

马二先生为人古道热肠，待人诚挚恳切，仗义疏财。在朋友蘧公孙有难时，他拿出自己选书所得的九十二两银子给差人，把枕箱买了回来，替朋友蘧公孙消灾。在洪憨仙病逝后，他出资料理后事。在结识匡超人后，又出资帮助匡超人回乡尽孝。

但他在做举业上却甚是迂腐。他热衷举业，补廪二十四年。共考过六七个案首，再加上没考上案首的时候，他参加了多少次科举考试？科举三年一次，这前后相加又是多少年？这么多年他只为科举奋斗，一心不改。

他不仅自己醉心于举业，而且还苦口婆心地劝说他人也要以举业为主。当他听说蘧公孙"不曾致力于举业"，当下便开导他道："举业二字，是从古及今人人必要做的。就如孔子生在春秋时候，那时用'言扬行举'做官，故孔子只讲得个'言寡尤，行寡悔，禄在其中'，这便是孔子的举业。……到本朝用文章取士，这是极好的法则。就是夫子在而今，也要念文章、做举业，断不讲那'言寡尤，行寡悔'的话。何也？就日日讲究'言寡尤，行寡悔'，那个给你官做？"

马二先生的宣讲，精辟地道出了科举对知识分子所起的指挥棒的作用。他一语道破天机，做举业就是为了做官，只要能做官，朝廷叫做什么样的举业，就做什么样的举业。至于为什么要做这样的举业，这举业是否科学，是否合理，他是根本不去想的。

他还劝匡超人："你如今回去，奉事父母，总以文章举业为主。人生世上，除了这事，就没有第二件可以出头。"他认为只有中了举人、进士，才能显亲扬名，才是大孝。

马二先生是执着于科举而终被科举所误的封建社会知识分子的典型代表。他做举业目标明确，动力十足，他把做官看成是人生唯一的价值，认为做举业是做官的唯一正途。中举是他唯一的生活目标，写八股文章是他唯一的生存技能。

从马二先生的故事中我们可以看出科举制度对文人的毒害之深。它深深地腐蚀着文士的心灵，弱化了知识分子的生存能力，使他们成为迂腐的儒生。

儒林外史

儒林深深，兴味几许

> **文学小窗**
>
> 举业：指应试科举，也指诸生应科举考试之文。
>
> 补廪：明清科举制度中，生员经岁、科两试，成绩优秀者可依次升为廪生。
>
> 墨程：程文墨卷。清代称乡试、会试时主考和副考官拟作的为应试人取法的八股文为程文。取中士子的文章为墨卷。
>
> 束脩：送给老师的学费。

读变质之人

孝子——匡超人

匡超人原本是一个农村青年，自小上过几年学，因家贫读不成了，跟一个卖柴的客人到省城，在柴行里帮忙记账。不料客人折了本钱，匡超人不得不靠给人拆字混日子，这时他才二十二岁。

他在马二先生的资助下回到家乡，见到娘便"放下行李，整一整衣服，替娘作揖磕头"。父亲卧病在床，他就买了一只猪蹄来家煨着，等烂熟了，拿到父亲面前。晚上他拿个被单，睡在父亲旁边。他白天里杀猪，卖豆腐，晚上便服侍父亲。

他父亲夜里睡不着,要吐痰,吃茶水,一直到四更鼓,匡超人就读书陪到四更鼓,每夜只睡一个更头。他对父母真是体贴入微。晚上村里失火,累及自家,他首先背出父亲,然后背出母亲。在他看来,这是头等重要的,其他行李家什都不打紧。这时的匡超人孝顺父母,勤劳好学,是极为淳朴可爱的。

一日,匡超人夜读时被路过的知县李本瑛发现,知县感其嘉行,提携他中了秀才。岂料不久李知县被人诬告,可能累及匡超人,于是他来到杭州躲避风头。因要投奔的潘三外出未归,匡超人便与一群假名士交往。这段时期是他一生中的转折时期。受这群假名士的影响,匡超人的思想开始蜕变。

在认识潘三后,匡超人为非作歹的胆子也越发大了起来。在潘三的安排下,他顶替金跃上考场,并中了秀才,赚了二百两银子。潘三确实没有亏待匡超人,不但帮他在城里典了房子,还给他取了亲。从私人的关系来看,潘三是有恩于匡超人的。但是,在潘三被捕后,匡超人展示出他在这个污浊社会的学习成果,暴露出他那寡情薄义、虚伪、撒谎成性的嘴脸。他逼妻子回大柳庄乡下,自己去京师投奔李给谏。随后他隐瞒自己已经娶妻的事实,又娶了李给谏的外甥女为妻。而他的妻子在乡下郁闷忧虑而死。考取教习后，他无情地拒绝了恩人潘三相见的请求，并且自命不凡，吹嘘自己为读书人所供奉的"先儒"而贻笑大方。此时这个昔日的孝子已经变成一个毫无廉耻的无赖。

匡超人是吴敬梓用最深沉的感情写出的一个血肉丰满的形象。吴敬梓写了一出人格沦丧的悲剧。对堕落以前的匡超人，作者用饱含赞颂的笔触，细细地描写了他事亲至孝的行为，而在匡超人渐渐走向堕落时，吴敬梓却毫不留情地给予批判与讽刺。在作者客观的描写中，我们清晰地看到一个淳朴的青年在科举制度的影响下逐渐堕落的过程。

读贤德之人

贤人——杜少卿

杜少卿虽然出身于"一门三鼎甲，四代六尚书"的大官僚家庭，却对科举不感兴趣，行为有些离经叛道，思想具有独立而脱俗的特征。

他蔑视科举，瞧不起功名富贵，第三十二回他说："这学里秀才，未见得好似奴才！"当臧蓼斋对他说补了廪做官后就可以坐堂、洒签、打人时，他笑骂道："你这匪类！下流无耻极矣！"李大人荐举他入京做官，他用手帕包了头装病不去。有人要他陪同去会王知县，他说："王家这一宗灰堆里的进士，他拜我做老师我还不要，我会他怎的？"这些言行，与《儒林外史》中追名逐利的风气恰成鲜明的对照。

他为人善良、正直而慷慨。娄太爷其实不过是他家先尊的一个门客，少卿却把他养在家里当祖宗看待，亲自侍奉汤药。他得知杨裁缝丧母缺钱，就把自己新做的一箱衣服给当了予以接济。

因为经常周济他人，杜少卿手里的银子自然时常吃紧。没钱了，他就开始卖地。管家王胡子提醒杜少卿，劝他不要随意施舍他人，要把银子用来经营产业，否则会坐吃山空。杜少卿却不以为然。

杜少卿家财荡尽，他卖了宅院，还了债务，剩下一千多两银子。杜少卿决定到南京居住，路上，王胡子见不是事，觉得再跟着杜少卿没前途，就拐了二十两银子走了。杜少卿付之一笑。

到了南京，杜少卿依然是出手阔绰。路经芜湖时，他手里没钱了，就考虑着当衣服，是韦四太爷资助了杜少卿十两银子。后来，迟衡山要修建泰伯祠，杜少卿率先捐银三百两。

杜少卿属于儒雅之人，他既保持读书人的修为与名士、官宦来往，也乐善好施帮助贫民。他犹如出淤泥不染的荷花一样，心地纯洁，不沉沦于世俗。杜少卿所处的是一个人人盼望通过科举考试来获取名利的封建时代，社会风气污秽不堪。如果要完全脱离这种风气，几乎是不太现实的，但是在这样的大环境下，杜少卿能做到脱离俗事，不受名与利的蒙蔽而特立独行，可见其睿智。可以说杜少卿是吴敬梓心中的理想型人物。

读讽刺妙手法，赏艺术魅力

吴敬梓的《儒林外史》作为现实主义的经典著作，在十八世纪中国古典小说文库中闪现着耀眼的光芒。它对古代读书人的生活状态和精神追求进行了赤裸裸的讽刺。在文中随处可见对比、夸张的手法，同时作者在揭露和批判科举考试制度的腐朽时，还采用了冷静、客观的白描手法。文中多种讽刺手法的熟练运用，历来为中外学者所称道。

读对比讽刺之处

吴敬梓往往着力刻画同一人物在不同的情况下，对待同一对象所采取的不同甚至完全相反的态度，从而造成强烈的对比，以达到讽刺的目的。

比如在第三回中，胡屠户在范进中举前后态度的对比就尤为鲜明。范进中举前，他骂道："你不看见城里张府上那些老爷，都有万贯家私，一个个方面大耳。像你这尖嘴猴腮，也该撒抛尿自己照照！不三不四，就想天鹅屁吃！"胡屠户骂女婿"想天鹅屁吃"，说明范进在胡屠户眼里连癞蛤蟆都不如。而范进中举后，胡屠户的态度一百八十度大转弯，他马上对大家说："我每常说，我的这个贤婿，才学又高，品貌又好，就是城里头那张府、周府这些老爷，也没有我女婿这样一个体面的相貌！"

胡屠户这个平日里对范进吆五喝六、骂骂咧咧的人，因女婿中了举，当了老爷，就一反昔日常态。前后对比，胡屠户前倨后恭、趋炎附势的面孔跃然纸上。

作者还将不同人物的不同做法及产生的结果进行对比，比如第八回中，南昌府前任蘧太守身老告病，王惠补缺。蘧公子对王太守说，过去这衙门"是吟诗声，下棋声，唱曲声"，王太守到任之后应"是戥子声，算盘声，板子声"。这"三声"的对比，足以让我们想象出王太守唯利是图、以权谋私的丑恶行为。可惜王太守悟不出蘧公子话中的讽刺意味。

读夸张讽刺之处

艺术的真实并不排斥夸张，在真实的基础上进行必要的夸张，是讽刺所需要的。《儒林外史》很多地方截取了人物富

有特征的细节来进行夸张描写，将典型的细节和合理的夸张结合起来，以揭示这个人物的真实面目。

小说第二十一回写牛浦郎偷到牛布衣诗稿时，"不觉眉花眼笑，手舞足蹈的起来"。牛浦郎平日偷钱买书读唐诗，但讲不出诗中的好处，如能讲出一二，也只是心里觉得喜欢。可今天一见牛布衣诗稿却"眉花眼笑""手舞足蹈"，是何缘故？一是平日读的唐诗文理深奥，他不甚懂。而牛布衣之诗是时人之作，能看懂五六分。二是牛布衣的诗歌题目上写着"呈相国某大人""怀督学周大人""与鲁太史话别""寄怀王观察"，其余某太守、某司马、某明府等不一而足。由此牛浦郎突然明白，只要会作诗，不用进学、中举，就可以和官老爷们来往，这是何等荣耀之事！

读书是为了什么？是为了进德修业，是为了有真才实学。而牛浦郎却看到没有真才实学也能攀附官老爷的捷径——冒牛布衣之名。

作者对这个细节进行了夸张处理，使它异常生动、深刻地揭示了牛浦郎不求真才、贪名图利的本性，辛辣地讽刺了这个无耻之徒。

《儒林外史》中类似这样的情节有很多，如周进在省城想要看贡院，金有馀见他说得真切，只得花几个钱同他去看。

不想才到"天字号",周进就一头撞在号板上,不省人事。醒来之后,周进看看号板,又是一头撞过去。这回不死了,他放声大哭起来。"一号哭过,又哭到二号、三号;满地打滚,哭了又哭……"还有胡三公子买鸭前先拔下耳挖子戳戳脯上的肉,看肥不肥等。

这些都是夸张描写,但因是合理的夸张,所以取得了强烈的讽刺效果。

读白描讽刺之处

吴敬梓通过精确的白描,写出了人事的矛盾、不和谐,揭示出其背后蕴含的深意。

如第四回中,严贡生正在范进和张静斋面前吹嘘:"小弟只是一个为人率真,在乡里之间,从不晓得占人寸丝半粟的便宜。"话音刚落,一个小厮进来说:"早上关的那口猪,那人来讨了,在家里吵哩。"通过几句话,展现了严贡生的言行不一,揭示了他欺诈无赖的行径。

又如第四回中,汤知县请正在居丧的范进吃饭。因用的都是银镶杯箸,范进退前缩后地不举杯箸。汤知县解其故后,忙叫换了一个磁杯、一双象箸来。范进又不肯举。随即换了一双白颜色竹子的来，方才罢了。后来在席间，范进却"拣了一个大虾元子送在嘴里"。作者通过对席上范进举动的勾勒，凸显了他的虚伪做作，真是"无一贬词，而情伪毕露"。

吴敬梓自己不站出来说话，而是通过对比、夸张，或冷静客观的白描等写法，借助人物的言行来说话。

作为讽刺艺术的典范，《儒林外史》的高明之处主要在于运用真实而典型的故事情节来体现讽刺的意味。讽刺不是谩骂，不是诅咒。它是一种艺术，是对假、丑、恶的否定，是一种特殊感情的表现形式。运用讽刺的目的在于揭露，揭露被讽刺者的矛盾所在以及他的可笑可恶。鲁迅说"讽刺的生命是真实"，"非写实绝不能成为所谓讽刺"。

《儒林外史》的意旨不是单纯罗列笑料，那样的话就成了一本笑话书。吴敬梓要做的是揭示喜剧性的情节背后暗藏着的时代悲剧，用喜剧性的情节表达悲剧性的内容，让读者看到体面之人背后的丑态，使人抚掌一笑后，黯然涌上一股深切的哀怜，激发出读者更深刻、更丰富的审美感情。

吴敬梓运用讽刺的手法，最大限度地开拓讽刺客体内心世界的广度和深度，捕捉儒林士人灵魂的复杂性，他们追名逐利，对科举重视到变态的程度，这其实是一种时代病。吴敬梓不仅刻画出病症，还揭示了病因和发病模式，字里行间潜藏着对于时代的批判和哀情。

> **延伸思考**
>
> 闲斋老人《儒林外史·序》云："其书以功名富贵为一篇之骨：有心艳功名富贵而媚人下人者；有倚仗功名富贵而骄人傲人者；有假托无意功名富贵自以为高，被人看破耻笑者；终乃以辞却功名富贵，品地最上一层，为中流砥柱。"你认为本书中谁是中流砥柱？请说明理由。

读出什么

一入儒林深几许，细嚼慢咽方可得

十八世纪是中国小说史上的巅峰时期，《儒林外史》无疑是这一时期非常耀眼的一部作品。当吴敬梓的灵柩运往南京的时候，友人金兆燕曾题诗说："著书寿千秋，岂在骨与肌。"的确，《儒林外史》一书为吴敬梓赢得了不朽的身后名，它是我国古代讽刺文学中最杰出的代表作，标志着我国古代讽刺小说艺术水平步入新阶段。

面对这样一部著作，最重要的是读出成熟独特的人物塑造艺术、冷静客观的叙事艺术、言简意丰的语言表达艺术，此外还需要读出的是作者隐含在其中的"真人"理想与对当时虚伪的社会风气的批判。

人物塑造艺术

"异化"常常在马克思的文章中被提及,他曾经说:"资本家对工人的统治,就是物对人的统治,死劳动对活劳动的统治,产品对生产者的统治。"他指出资本主义社会造成了人的异化。

人性异化,众生群像

《儒林外史》首先要被读出的,是当时社会环境中被异化的人物群像。读书人这个群体直接受到科举制度的影响和荼毒,也最能体现作者的意旨。

其实这就是一种"人"演变为"非人"的状况,就像《变形记》中的格里高尔一样,在工作面前,他放弃了个人尊严,为了工作而卑躬屈膝地去乞求公司经理替自己说情。他的亲人都是因为他有还债的能力,才对他好。在面对经理的时候,

读出什么
一入儒林深几许，细嚼慢咽方可得

他惊慌失措，激动妥协，瞬间就没有了个人尊严。这样的状态，不仅是格里高尔个人的异化，也是他的家庭的异化，是人际关系的异化，更是人类社会的异化。如果说，卡夫卡为我们重点描摹了格里高尔以及他家人的悲剧故事，那么吴敬梓则是以如椽大笔，为我们勾勒了儒林中士子的生活图谱，在这个生活图谱中，我们能够看到形形色色的被科举制度不同程度异化的"格里高尔"们。

周进与范进

小说开篇第一回，作者就借王冕的故事"敷陈大义"，"隐括全文"，痛斥八股文取士之法导致知识分子一味追逐功名富贵，使得"一代文人有厄"，接着就讲述了周进的故事。

周进应考到六十多岁还是童生，但是他很幸运，他能够借由科举制度完成有效的阶层跃迁。周进成功前饱受奚落，成功后受到高规格的礼遇，作者用周进跃迁前后的状态和他周围人的反应来展现科举制度对人的价值观念的扭曲。

由此我们可以看到，周进的故事虽然以一个比较美好的结局结束，但是仍旧颇具讽刺意味，如蒲松龄先生所写的《促织》，无论成名之子最终是复苏还是死去，都已不重要，因为这样一个人化虫的情节已经足够讽刺。

范进和周进的经历非常相似。范进是一位久考不中的童

儒林外史
儒林深深，兴味几许

生，考了二十多次，一直考到五十四岁，他被科举考试摧残得面黄肌瘦，就像变为甲虫的格里高尔一样，笨拙、丑陋。他因为常年求学，不懂治家之道，时常靠岳父接济，所以吃穿用度上也非常节俭。尽管他用了几十年的时间来考取功名，但他并没有真才实学，所以周学道将他的文章看了三遍才认识到其价值，何其讽刺！更令人感到荒诞的是他中举之后的一系列举动，他受了强烈的刺激，进而发了疯，被打了巴掌才慢慢清醒过来。

范进的故事非常突出地展现了小说的主题。在这里吴敬梓其实是心慈手软了，我们试想一下，如果这里范进真的发了疯，清醒不过来了，想必这样的讽刺会更加深刻。但是作者还是给范进留了一条活路，让他得偿所愿，享受到了迟到半生的荣光。在这样一场荒诞不经的闹剧中，我们能够看到这背后所暗含的人性的畸形与异化。为了一场考试，为了一个功名，竟然将自己的大半生拱手相让，甚至为它如痴如狂。读到这里，不知道有多少人会替他可惜，替他叹惋，白白葬送的这大半生，原本应该是他最美好的年华。在科举制度下，人变为"疯子"，人成为"非人"。

范进的母亲这一形象，也具有非常明确的讽刺意义。古人有诗曰："以我三句两句书，累母四更五更守。"儿子对功名的渴望往往会影响母亲，因为做母亲的是最能够体会子女心情的。所以作者安排范进的母亲因为儿子中举而欣喜、发疯而悲痛、恢复正常而高兴、喜得大房而狂喜，最后竟然大笑一声，往后跌倒，归天去了。可以说这样一个出人意料的结局，比范进死亡更加具有警醒和讽刺意义。

和范进、周进类似的人有很多，作者在塑造这两个典型人物形象时"杂取种种，合成一个"，正如鲁迅先生所说的"砭锢弊常取类型"，但是作者辛辣的笔触并未仅仅停留在他们身上，而是以他们为中心，像涟漪一样不断扩散开去，通过描写他们周围的人物，来展现当时乌烟瘴气、是非颠倒的社会风气。

鲁小姐

为了最大程度地体现科举制度对人的毒害，作者详细讲述了一位女性受到的间接影响。鲁小姐是鲁编修的女儿，一位本不隶属科举制度圈层的女子，但是由于他的父亲深受毒害，所以她也会被影响。

鲁小姐深受父亲的影响，深信父亲所说的"八股文章若做的好，随你做甚么东西……都是一鞭一条痕，一掴一掌血"，别的都是"邪魔外道"。她从小就学八股文，身为女子，自己没有办法参加科举，就将科举及第的希望寄托在自己的儿子和丈夫身上，将畸形的期望强加给他们父子俩，从而让科举的枷锁套在他俩身上。

鲁小姐是家中独女。父亲鲁编修将鲁小姐当成儿子教养，自小鲁小姐就认真研修"四书""五经"，十一二岁的时候就能讲书、读文章。至于科考的八股文，她能背诵三千余篇。只可惜，她是女子，不能在考场上施展拳脚。所以，鲁家的全部希望都寄托在鲁小姐的丈夫、鲁编修千挑万选的太守的孙子——蘧公孙身上。蘧公孙的家庭教育环境十分宽松，他的父亲早逝，祖父对孩子的举业并不上心，就连蘧公孙在别人的书上加自己的名字这件事情他都置若罔闻，甚至，他还同意让蘧公孙入赘鲁家。因此蘧公孙只喜欢诗词歌赋，对于科举这些事情，他并不在意。"我于此事不甚在行。况到尊府未经满月，要做两件雅事；这样俗事，还不耐烦做哩。"既然丈夫不能指望了，她就将希望寄托在儿子身上，正如文中所言："当真姑爷不得中，你将来生出小公子来，自小依你的教训，不要学他父亲。家里放着你怎个好先生，怕教不出个状元来，就替你争口气。你这封诰是稳的。"于是，几年后，鲁小姐每天督促儿子学习。如果有学不好的时候，鲁小姐就一直陪着他学，直到天亮。

在传统意义上，鲁小姐和蘧公孙可谓是才子佳人，他们的这段婚姻是门当户对的美满姻缘。但是，个中滋味如何，只有当事人能体会。婚后，鲁小姐对蘧公孙完全失望，一心一意地想将儿子培养成状元，来光耀鲁家的门楣。这样一位以科举及第为生活目标，并因此对自己的丈夫、儿子求全责备的女子，不也是科举制度下异化之人的真实写照吗？

"真人"理想，仰望星空

所谓"千学万学学做真人"，吴敬梓先生在黑暗的现实中，为我们刻画了一些擎着火炬照亮一方天地的真儒名贤，他们的言行对读者起到了很好的启发与引导作用。

从古至今，我们对圣贤之人总是倾慕的。如果说社会是一潭死水，那么圣贤之人就是照亮那一汪池水的光。波光粼粼中，我们看到了几位难能可贵的真名士。

杜少卿

杜少卿这个人物实际上是以作者为原型塑造的，作者将自己的价值观、人生观都熔铸其中，并借他的光风霁月和两袖清风来展现自己的理想。

让我们印象最深刻的是杜少卿与妻子相携共游清凉山，他"一手拿着金杯，大笑着，在清凉山冈子上走了一里多路"，使得"两边看的人目眩神摇,不敢仰视"。杜少卿从容潇洒,颇有苏轼月夜泛舟赤壁之下的畅然洒脱之风。他是真正的高雅之士,放情山水,超然物外,而能够做到这些,最根本的是对世人都汲汲以求的功名利禄的不屑。这样的洒脱之人,在一众被名利熏染成灰黑色的士人中,是多么亮眼啊!

他的亮眼还远不止在潇洒和超脱上,他对官场、官员的不屑,他对官场黑暗的鄙弃,都让我们由衷地钦佩与喜欢他。他如《红楼梦》中的贾宝玉一样,天真、率性,却也是真真正正的反叛者,有着高贵和自由的灵魂,不为时代所拘束。他装病拒绝应征出仕,说:"好了!我做秀才,有了这一场结局,将来乡试也不应,科、岁也不考,逍遥自在,做些自己的事罢!"臧三爷想要让他去会会王知县时,他断然拒绝,而且放言道:"他果然仰慕我,他为甚么不先来拜我,倒叫我拜他?"这般傲然挺立的人物形象,在吴敬梓先生笔下栩栩如生。

可是这样的傲,不是高傲自大,不是自矜功伐,而是一种更深层次的儒家忠恕之道的体现,所谓"尽己之为忠,推己则为恕"。面对自己,他忠诚于自己的内心;面对他人,他奉行"己所不欲,勿施于人"的准则,能够做到"己欲立而立人,己欲达而达人"。例如他在看到王知县潦倒过活时,他尽心帮助，为他提供住所；杨裁缝母亲去世，他慷慨解囊，即便自己家中钱财不多，也要想办法尽力去帮助他人；领戏班的鲍廷玺没有本钱，杜少卿没有一丝犹豫地资助他一百两银子，让他重操旧业，奉养母亲。

这样一个恪守儒家"仁""德"的真名士，哪怕是生活在我们当下的世界，也依旧是闪闪发光的明珠。

庄绍光

庄绍光出身读书人家，富有才华，他总是闭门著书，不肯妄交一人。他被皇帝两度召见，有重用之意，然而他却在回答了皇帝提出的关于"教养之事"的问题后，就请皇帝恩准还乡，还慨叹道："看来我道不行了！"由于他名声太盛，回到家后，地方官吏纷纷来拜，"庄征君穿了靴又脱，脱了靴又穿"，恼怒之下，他连夜搬往元武湖，借由地理环境来拒绝众人。他视功名利禄如粪土，不屑于皇帝的重用和他人的赞赏。这颇有孔子所谓的"邦有道则仕，邦无道则可卷而怀之"的意思。古代士人进退有节，身处政治清明的社会，就出仕做官，身处黑暗的社会，就把自己的才能收起来。从卫国的大夫蘧伯玉到儒林中的庄绍光，我们能够看到作者有意建构起的继承孔孟之道的理想社会。

叙事艺术

在《儒林外史》中，吴敬梓展示了其高超的叙事艺术。细读全文，我们不禁为作者独具匠心的叙事艺术而赞叹。

冷静叙述，直接呈现

《儒林外史》特别突出的一点是，作者在尽量降低自己作为叙述者的存在感，然后用极其冷静克制的语调去还原生活的原生态。就像《变形记》的开头一样，作者平平淡淡地叙述了一件令人惊悚和痛苦的事情，"一天早上醒来，格里高尔发现自己变成了一只甲虫"，这样的近乎冷酷的叙述语调，给予我们一种可信度极高的错觉，仿佛这就是生活本身，我们就是在透过一个清晰的镜头观察着若干年前的人及其生活。就如迈斯基在评价托尔斯泰文章时说的那样，"一读这无与伦比的小说，我们便仿佛觉得就是此中的人物似的，这并非单

> 读出什么
> ——入儒林深几许，细嚼慢咽方可得

是书籍或小说，乃表现了那时代的一切特色的生活本身"。这正说明，作者着力表现平淡生活，是想要还原那个时代本身。

例如在薛家集观音庵时，作者并不剖白人物内心，也不添加自己作为叙述者的情感态度和褒贬倾向，而是客观地描写夏总甲的颐指气使，细致刻画他那种摆架子、盛气凌人的样子，只客观地展现人物的言谈举止，让读者自己去判断和感受，尽量把人物原生态的面貌呈现给读者。又如全文的结尾处有四大奇人，无家无业的季遐年写一手好字；王太是围棋高手，又是安于卖火纸筒子的小贩；开茶馆的盖宽，画技高超；裁缝荆元弹一手好琴。他们都自食其力，过着自由自在的生活。对于四大奇人，作者并没有多做评价，只是在前文叙述完异化的知识分子的怪现状之后，将四大奇人的故事铺列在末尾处。

那么问题来了，作者为何要还原旧时生活给后世人看呢？除了讽刺的意图外，吴敬梓还希望读者从中看到自己的生活。这里面有形形色色的人物，他们的喜怒哀乐，他们的吃穿用度，他们的命运起伏，我们是能够用全知视角勾连起来的，所以就更容易从中获得警醒和启发。在日常生活中，我们难免流于自欺欺人，流于瞒和骗。吴敬梓创造了一个镜子一样的世界，让我们在阅读作品的时候，能清晰地看到人物的遭遇，同时也映照出自己内心的污浊与隐秘。在为书中人物的人生遭际唏嘘时，我们也能够渐渐明晰自己人生道路的方向，所谓君子上达，小人下达，到底是日趋渐进，还是日渐卑下，这都是由我们自己的选择决定的。

西方小说理论中，罗兰·巴特曾提到"零度写作"，后期的西方文艺理论中也常常涉及"作者之死"的话题，可以说作者的叙述在作品中呈现的方式与状态一直是文艺界所关注的问题，吴敬梓的写作方式，可以说很好地与这种文艺理论呼应了。

> **文学小窗**
>
> "零度写作"一词源于法国后结构主义领袖人物罗兰·巴特的一篇文章《写作的零度》。零度写作是一种以"零度"的感情投入到写作行为当中去的写作方式。零度写作并不是缺乏感情，更不是不要感情，而是将澎湃饱满的感情降至冰点，让理性之花升华，写作者从而得以客观、冷静、从容地抒写。

何满子先生曾提到，《儒林外史》的最大价值就在于，它带着鲜明的倾向性，"表现了那时代的一切特色的生活本身"。在它所表现的生活中，谁都不是绝对的主角，可是那些人物，却分摊着作者赋予他们的任务，扮演着自己的角色，述说着自己的故事；而当这些人物被集合起来时，便形成了一个真正的主角——那个特定的时代、社会本身。所以当我们在阅读《儒林外史》时，会感受到时代的风呼啸而来，我们被形形色色的人物和环境包裹起来，感受到了那个时代的性格。

人物立体，衔接自然

"逝者如斯夫，不舍昼夜。"在我们的生活中不仅有时光的流逝，还有身边人的来往不定。在《儒林外史》中也是如此，所谓"你方唱罢我登场"，整本书中人物起起伏伏、来来往往，作者在塑造人物方面独具匠心，用笔到位，同时在安排人物出场和人物淡出的时候以纯熟精湛的艺术技巧使得人物、情节的衔接流畅自然。每一回中有主要人物，但是随着主要人物故事的发展又会在后面的章回中勾连出新的人物。吴敬梓很巧妙地用人物的行踪、生活经历的变化来引出新的人物，这样既保证了情节的流畅自然，不给人以生硬割裂之感，也能不断为内容注入新鲜血液，由此引发读者阅读兴趣。

全书涉及的人物非常多，几乎涵盖整个儒林，但是这些人物形象并不是剪影式、速写式的，而是非常饱满和立体的。

首先，他以精练的笔触，在较短的篇幅中集中描绘和勾勒出人物形象最典型的特点。就像《装在套子里的人》一样，契诃夫运用漫画式的写法，突出了别里科夫的僵化和保守。在本书中，范进、周进、匡超人、马二先生等，都是在典型情节中展现了其典型性格。

其次，作品中人物虽多，但是在作者精巧的构思中，前面出现的重要人物会在后面的故事中再次出现，就像《水浒传》一样，前面依次叙述梁山好汉为什么被逼上梁山，后面再写兄弟合力征战的故事。所以作者笔下的人物虽然流动性强，但是他们会在某一时刻重新出现，人物形象随之逐渐充实丰满起来。

再次，书中人物的出场与退场经过巧妙设计，彼此勾连，流畅自然。第二十四回《牛浦郎牵连多讼事　鲍文卿整理旧生涯》中，由一个人物引出多个情节，集中展现了牛浦郎、鲍文卿两位人物形象。同时他们又不是孤立存在的，他们身边出现了牛奶奶、胡赖、医生陈安、和尚、按察司、向知县、黄老爹等有关的人物，这些人或推动情节发展，或从侧面衬托主要人物。结尾处，作者写道："鲍文卿虽则因这些事看不上眼，自己却还要寻几个孩子起个小班子，因在城里到处寻人说话。那日走到鼓楼坡上，遇着一个人，有分教：邂逅相逢，旧交

更添气色；婚姻有分，子弟亦被恩光。毕竟不知鲍文卿遇的是个甚么人，且听下回分解。"章回结尾处，以人物的活动为基础，自然地勾连出下一回要说到的重点人物，人物描摹的重心随即更换。人物出场、退场平滑自然，让人在不经意之间流转在这个俗世中。

语言表达艺术

作者优秀的语言表达和成熟的艺术技巧也是我们在阅读时不可忽视的一点。

精准用字，精练描写

作者之所以能够描摹这么多人物，多而不乱，并且每个人物都有自己独特的形象，离不开他深厚扎实的语言文字功底。作者的用语是简明扼要的，对每个人物的描摹精准而又简练。

比如对于沈琼枝的描摹，没有过多的外貌描写，而是通过平实凝练的语言描写，将沈琼枝不慕名利的巾帼气节展现得淋漓尽致。例如沈琼枝逃出宋家时，心里想道："南京是个好地方，有多少名人在那里，我又会做两句诗，何不到南京去卖诗过日子，或者遇着些缘法出来也不可知。"杜少卿评价

读出什么
一入儒林深几许，细嚼慢咽方可得

她道："盐商富贵奢华，多少士大夫见了就销魂夺魄；你一个弱女子，视如土芥，这就可敬的极了！"

再如，在写景状物上，吴敬梓用语文白间杂，新意频出，用字精准。比如"长夏已过，又是新秋，清风戒寒，那秦淮河另是一番景致""轩窗四起，一转都是湖水围绕，微微有点薰风，吹得波纹如縠""用火点着，焰腾腾的，暖着那里边的肴馔""荆元慢慢的和了弦，弹起来，铿铿锵锵，声振林木，那些鸟雀闻之，都栖息枝间窃听"。

无论是写人还是写景，作者总能精准用字，字字传神。

嬉笑怒骂，皆成文章

最重要的是，我们还要读出其中无人能出其右的讽刺艺术。

作为一部极负盛名的讽刺小说，鲁迅先生曾对其讽刺艺术有极高的评价，在《中国小说史略》中，他指出"迨吴敬梓《儒林外史》出，乃秉持公心，指摘时弊，机锋所向，尤在士林；其文又戚而能谐，婉而多讽，于是说部中乃始有足称讽刺之书"。当我们把《儒林外史》放在中国讽刺小说的领域中来看的时候，我们能够发现作者将讽刺艺术发展到新的境界：作品庄谐并重，针砭时事；作者秉持公心，不是简单发泄私愤，而是客观还原社会风貌。孔子曰："唯仁者能好人，能恶人。"吴敬梓践行着孔子"仁"的思想，用一颗公正的心，写下这漫漫长言。

他兼用了史家的据事直书的笔法，还运用史书中常用的春秋笔法，微言大义，用极简练、极精确的语言，表达最丰富的潜台词。

他的讽刺的生命力来源于"真实"。前面我们提到，他极力减弱作者的存在感，用冷静客观的笔触直接表现生活的原生态，所以这种独树一帜、颇具匠心的讽刺艺术，来源于"真实"。因为"真实"，作品的讽刺效果才更加强烈；因为"真实"，作家才更加有底气直接呈现；因为"真实"，作品才能够震撼人心；因为"真实"，才让人们在很长一段时间内无法直面这本书。艺术来源于生活，很多时候，生活中的假、恶、丑比小说中的更多、更甚，但是我们熟视无睹，而吴敬梓先生则切中肯綮地引导我们直面这"惨淡的人生"。这部讽刺小说，如长鸣的警钟，让世人警醒。

他的讽刺，是庄谐并重的。如果契诃夫、果戈理等人的批判现实主义小说的风格是"含泪的笑"的话，那么吴敬梓小说的风格则是瞬间的可笑中蕴含着深沉的悲哀。无论是王玉辉劝女自杀，还是马二先生对着皇帝的御书膜拜，这些行

为都是瞬间的，但是却是以一生的经历为潜台词的。这样的方式更能够突出其背后的悲剧性内核。

※　※　※

综上所述，阅读吴敬梓先生的妙笔之作，我们要读出那个时代的人物群像以及作者独具匠心的讽刺艺术。作为一部流传数百年仍旧具有鲜活艺术生命力的名著，它可供我们解读和品味的还有很多，我们需要结合当下的时代，结合自身，用心领会这些内容背后的精神内核，从而修养自己的身心，成为"真人"。

涵泳会意，兴味自来

何为兴味？兴，去声，兴致之意。"好为庐山谣，兴因庐山发"，李白行至庐山，兴致盎然。味，滋味也。《礼记》有言，"食而不知其味"，食物有味，而他物亦当有味。此味应与"兴"同，指人与喜爱之事相际会而引发的内心震荡。陶渊明亦有言："好读书，不求甚解；每有会意，便欣然忘食。"

读书，能有会意之感，能有兴味产生，无疑是一件非常幸福的事。而阅读《儒林外史》，此种会意状态的达成，需要认真分析特色物象、风俗风物、逼真人物等内容，仔细体会正服反穿、庄谐结合、极度夸张的笔法，细致涵泳，兴味自来。

各色风物自有兴味

《儒林外史》力求还原现实,看似枯燥,实则呈现世间万象,精彩纷呈。书中频繁出现的各色物象、各种风俗、各色人物,重叠交错;腐儒的灰暗,名士的明快,相互映衬。笔法独具匠心,读来兴味陡生。《儒林外史》之兴味从何而来,无外乎各色风物与巧妙笔法。

且看各色物象

书中频繁出现各色物象,如首服、茶具、书籍等。这些物象,不仅是人物身份职位的象征,还是其审美情趣的表现。这些物象使得小说讽刺效果鲜明突出,嬉笑怒骂中,让人忍俊不禁。

书中多处写到首服,它的背后暗含深意,仔细体会,兴味盎然。首服,一说"头衣""元服""元衣"等,一般指头

上的冠戴装饰。文戴方巾，武戴武巾，丧戴孝巾，平民戴毡帽、瓦楞帽，官戴纱帽，名士戴浩然巾等。其中，方巾是儒士、读书人戴的方形软帽。初为一般士庶、平民所戴，后规定有秀才以上功名者可戴。然而，真正的读书人未必戴方巾，而戴方巾的也未必是真文人。

第二回《王孝廉村学识同科　周蒙师暮年登上第》中，申祥甫备下宴席，新进学的梅玖虽头戴新方巾，却行着假文人之事。当他看到周进头戴旧毡帽，身穿旧直裰，就慢慢起身，作揖时称周进"小友"。他作揖貌似恭敬，实则心生鄙弃。整个宴席期间他对周进冷嘲热讽，失了文人风度，露出虚伪面目。同样，头戴方巾的王举人，因他戴了方巾，便可以目空一切。因下雨无法行船，他"与周进举一举手"，走进学堂；第二天天色已晴，他"拱一拱手，上船去了。撒了一地的鸡骨头、鸭翅膀、鱼刺、瓜子壳"。在书中，大多数情况下方巾是以一种讽刺和否定的内涵出现的。头戴方巾的士人们并没有读书人的谦恭，反而虚伪做作，刻薄低俗，卑劣丑陋。方巾俨然成了得势者猖狂、傲慢的心理外化。

最为戏谑的是，第二十二回头戴方巾的王义安被打之事，可笑至极，讽刺至极。牛玉圃介绍王义安，说他是常在大衙门里共事的老先生。然而，走过两个头戴方巾的秀才，一个直裰胸前油了一块，一个袖子破得晃晃荡荡，他们一看到王义安，不由分说劈脸就是一个大嘴巴。边打还边扯去他的方巾，并骂他是乌龟。这一顿打后，王义安失了方巾，真的像乌龟一样跪在地上磕头如捣蒜，狼狈不堪，原形毕现。戴了方巾的秀才，动手打骂侮辱他人，已非真文人，而王义安虽违例戴了方巾，但依然是彻头彻尾的乌龟样。这一打，精彩，打出了两个伪文人。一石两鸟，婉而多讽，辛辣程度却丝毫不减。

我国古代男子成年时行加冠礼，首服在传统文化和民族心理中的重要性可见一斑。冠巾是人们身份地位的象征，是儒家精神文化的物质性表征，反映的是当时社会下众生的现实心态。反面人物穿戴正服，其龌龊卑鄙更甚；风雅之士行不义之举，丑陋可笑更甚。人物的首服，不仅牵动人心，更发人警醒，具讽谏之效。

再看风俗风物

《儒林外史》塑造的封建文人群体，其活动场所分布在江南各地区。巫觋鬼神、夷族风俗、江南方言为此书增添了神秘独特的色彩。因此，每有会意，兴味乃出，则不足为怪。

扶乩请仙

第七回《范学道视学报师恩　王员外立朝敦友谊》中，出现一个神秘人物——陈礼，善乩仙神数。此人扶乩，不仅当时如有神助，且在后文会有应验。扶乩本就不可信，然而在小说中竟如此灵验，读者心悬的同时又能感受作者的婉讽之功。

这位陈道兄可请来各位仙人，且总在王爷府里和诸部院大老爷衙门里行道。让人叫绝的是，弘治十三年，在工部大堂刘大老爷家，刘老爷扶乩问询李梦阳下狱之事。陈礼请来周公老祖，批了"七日来复"四个大字。到第七日，李梦阳果然奉旨出狱。等李老爷又约扶乩时，他竟请来了建文皇帝，吓得众位趴在地上跪拜。更神奇的是，那乩自己动了，写出四个大字"王公听判"，并旋转如飞，写下"吾乃伏魔大帝关圣帝君是也"。那乩还写下"调寄《西江月》"。"羡尔功名夏后，一枝高折鲜红。大江烟浪杳无踪，两日黄堂坐拥。　只道骅骝开道，原来天府夔龙。琴瑟琵琶路上逢，一盏醇醪心痛！"此词中的"天府夔龙""琴瑟琵琶路上逢"，竟然在后文中得到了应验。陈礼请来各路神仙，有帝王、师相、圣贤、豪杰，这些人物本因道德、武功名垂青史，在作者笔下却用作求仙问道。更可笑的是，求仙问道的内容竟都是世间俗事，不是牢狱之灾，就是功名富贵。用肮脏的利禄虚名，玷污英明之圣洁，戏谑讽刺，丑态尽出，如此笔法，实在不俗。

龙神嫁妹

第四十三回《野羊塘将军大战　歌舞地酋长劫营》中，月黑风高之夜，苗贼打劫总镇府。本已紧张的情节，再加上各路人马的鬼神扮相，使读者的心随之跌宕起伏。描摹绘声绘色，读者如临其境，兴味十足。

苗贼活捉生员冯君瑞，并索要五百两银子赎身钱。冯君瑞，本是一个奸棍，作为内地生员，被捉后竟伙同苗贼要赎金，有失朝廷体统。而冯君瑞随后又伙同苗酋别庄燕，在正月十八日，偷袭总镇府，打劫报复。正月十八，铁溪里的神道会出现，家家户户要关门闭户。神道是什么？为什么要关门户？这对苗贼偷袭有什么好处？原来，传说这日铁溪里龙神嫁妹子，因为妹子生得丑陋，怕人看见，所以派虾兵蟹将护卫。如有人偷看被龙神瞧见，就会有疾风暴雨，淹死人民无数。这一日，虾兵蟹将护送龙神妹子出嫁；苗贼扮作鬼怪，直奔汤总镇府邸打劫报仇；汤镇台也吩咐兵丁穿着长白布直裰，戴纸糊的极高的黑帽子，搽上一脸石灰扮作鬼怪。在作者的笔下，三路"鬼怪"上演了一出滑稽闹剧，在紧张气氛中平添神秘可怖的气息，让这段剑拔弩张的情节变得生动形

象，引人兴致，读者的兴趣与好奇心得到了极大满足。

《儒林外史》婉而多讽的文风，让人兴致陡生。其不仅体现在巧用巫觋之风及其他风俗风物上，还表现在鲜明的江南方言的使用上。其中"尸皮子""隔壁帐""搬楦头"等，在塑造人物及表现作者用意方面，有着很鲜明的功用。

> **延伸思考**
>
> 在阅读《儒林外史》时，不妨圈出那些有明显特色的江南方言细细探究一番。"搭嘴""撞木钟""窄鳖鳖"到底是什么意思？"尸皮子""隔壁帐""搬楦头"在塑造人物形象方面又有何作用？

还看各色人物

陈美林先生说："他常常怀着强烈的憎恶情绪，让这些否定人物一个筋斗就翻到前台来，快速地把人物的丑态推向读者，嬉笑怒骂，涉笔成趣，随意点染，均为妙文。"《儒林外史》真切反映社会现实，刻画出一幅鲜活生动的社会面貌图。其中不仅有儒士文人，还有官吏乡绅、商贾僧侣，三教九流，无所不包。而兴味正是从这活生生的人物身上生发，他们的故事强烈地引发读者内心的震撼与共鸣，让人百读不厌。

儒林外史
儒林深深，兴味几许

经典的儒生形象

书中经典的儒生形象有范进、严监生等。此二人能深入人心，是因为其具有鲜明的人物特色。

第三回《周学道校士拔真才　胡屠户行凶闹捷报》中，当范进看到自己高中广东乡试第七名亚元时，"看了一遍，又念一遍"，表现出其质疑之状；"两手拍了一下，笑了一声"，"拍"与"笑"，写尽范进痴傻癫狂之态；"往后一交跌倒，牙关咬紧，不省人事"，"牙关咬紧"道出其极度紧张之感。再之后，头发也散了，全身都湿透了——范进疯了。如此这般，将一个可悲可叹的辛酸人物描摹得淋漓尽致，兴味尽出。

同样形象鲜活的严监生，临终恐怕费了灯油，伸着两个指头不肯断气。直到赵氏挑掉一茎灯草，严监生才将手垂下，断了气。描写有趣有滋味，人物鲜活有生气。

鲜活的小人物

除了儒生之外，还有诸多鲜活的小人物使得小说趣味横生。

第二十七回《王太太夫妻反目　倪廷珠兄弟相逢》中，当王太太发现鲍廷玺并无纱帽，只是一个头戴瓦楞帽的戏班管班的人，登时怒气攻心，昏了过去。她醒来后，见着媒人沈大脚，一把揪住她。发泄愤恨是自然的，一顿暴揍也是正

常的。然而，书中却安排王太太把沈大脚揪到了马桶前，抓了屎尿，抹了她一脸一嘴，弄得她满鼻子都塞满了臭气。用屎尿埋汰人，真是够绝的！作者抓住典型情节，将粗俗、泼辣的王太太刻画得活灵活现。王太太是鲍廷玺的妻子，正所谓"忠厚子弟，成就了恶姻缘"。正如书中所说，这个王太太打第一次出嫁就不安本分，被赶出家门后嫁给王三胖，把儿子、媳妇一天骂三场，把家人、婆娘两天打八顿。王三胖死后，她大闹县堂，无人敢惹。然而，归姑爷却要让她"磨死倪家这小孩子"。忠厚人却娶刁蛮妻，无礼荒唐之事发生在忠厚人家，加大了小说的讽刺力度。

妙笔生花感悟兴味

前文"各色风物自有兴味"是从大处着眼,带领读者发现书中的各色物象、风俗风物、各色人物,产生兴味。本篇引导读者发现频繁出现、贯穿整部小说的笔法,此笔法总结为:正服反穿、正词反用、庄谐结合、极度夸张。

正服反穿、正词反用,这种笔法常用于讽刺小说中,而由此形成的巨大反差,让讽刺效果更加鲜明突出,读来令人兴味盎然。在《儒林外史》中,正服反穿表现在首服上,而正词反用则体现在各色人物的交际酬酢中。正词反用与正服反穿效果相同。正义之词用在反面人物身上,不细品读,便不能读出作者的真实用意。当我们反复揣摩,逐渐理解其意图时,兴味便流淌出来。例如第六回《乡绅发病闹船家 寡妇含冤控大伯》中,严贡生冠冕堂皇地赖掉坐船费用,他义正词严,不深究真看不穿其伎俩。在与船家交涉过程中,严贡生要不发怒,要不动真格的要送船家到县衙打板子,甚至

真写了帖子递给办事的。这一系列动作，俨然是一个利益受到侵害的受害者在伸张正义。然而，严贡生表现得越理直气壮，他的龌龊卑劣就越让人作呕。

庄谐结合，是讽刺笔法，亦是兴味诞生处。书中的人物在庄重场合却丑态百出，闹剧频发；有的人物在处理平常事务时却板起面孔，读来让人忍俊不禁。典型情节有"蘧公孙富室招亲""王太太夫妻反目"等。除此之外，书中常见此种笔法，如第十二回《名士大宴莺脰湖 侠客虚设人头会》，权勿用被娄府召见，进城途中，他的孝帽子被一个乡里人横挑在扁担尖上。权勿用着了急，七手八脚地乱跑去追，却撞到一顶轿子上，把轿子里的官员几乎撞得跌下来。因为权勿用丢了孝帽，引发一场闹剧，再加上撞到轿子，更是加重了混乱的程度。本是娄府召见的客人，理当尊贵有礼，然而实际上却是无知莽撞。这种庄谐结合的手法，让读者会意后警醒起来。

极度夸张在书中亦是频繁使用。范进、严监生、蘧公孙、王太太等，都因使用夸张手法，成为《儒林外史》中的经典形象。其中突出效果在此不多作赘言。

总之，多读，多领会，多思考，就会产生阅读兴味，进而使我们对作品的理解从感性层面上升到理性层面。

读书方法

读书要行之有法

《儒林外史》代表着中国古代讽刺小说的高峰，它开创了以小说直接评价现实生活的范例。阅读时，我们可以运用背景阅读法，扫清阅读障碍；运用整体通读法，把握小说的结构线索；运用精读提炼法，借助做批注、记笔记等多种形式去解读人物性格特征，鉴赏小说的讽刺手法；运用比较归纳法，认识人物的典型意义与个性特点；运用主题阅读法，深入研究小说主旨。

背景阅读法，奠定阅读基础

文学小窗

中国古代长篇小说一般都不是架空小说，大都有具体的历史背景：如《三国演义》描写的是三国时期的故事，情节本身取自史书《三国志》；《水浒传》描写北宋年间梁山聚义的故事。而《儒林外史》中的故事假托发生在明朝，涉及了诸如"靖难之役"和"宁王之乱"等明代历史上的真实事件和真实人物，使虚构的故事与真实的历史巧妙结合，增加了情节的可信度，让读者产生真实感。

从《儒林外史》描绘的市井生活和科举制度中可以看出，其实吴敬梓描写的是清代广泛的社会生活，反映了明清两代诸多士人陷入科举考试无法逃脱的生存困境，并通过对一个个儒生故事的描绘，呈现出围绕科举制度所形成的独特的社会结构和社会秩序，我们可以称之为科举社会。

为了更好地了解这个科举社会,我们可以运用背景阅读法,通过了解背景知识,更深入地理解小说的内容,体会作者的写作意图。具体方法有:借助字典等,扫清阅读障碍,初步熟悉作者所处的清代的语言习惯;借助网络或历史书籍了解科举制度的内容和形式,了解清朝的官制和封建礼教思想等。这样就可以更好地理解儒生、官员、平民等各阶层的生活状态,从而更好地体会时代的风貌。以上都是我们读懂《儒林外史》的基础,只有了解科举制度,才能更好地理解人物形象,才能清楚地认识到由于明清两朝实行八股取士,因此读书人只钻研于做规范文章,致使思想领域出现了万马齐喑的局面,了解这些才能更好地认识小说的主旨。

整体通读法，理清小说文脉

中国古代长篇小说的结构受到正史纪传体体例的影响。比如《水浒传》的一个个故事就像是相对独立的英雄列传，小说以梁山好汉的绿林起义事业为主线，将一个个故事串联在一起。整部小说没有绝对的主人公，而是由一个个英雄的传记故事连缀而成。

与《水浒传》相似，《儒林外史》也没有贯穿始终的核心人物，而是采用连环短篇的结构方式，用一个中心人物的故事引出另一个中心人物的故事。对于这种结构方式，鲁迅曾有评价"虽云长篇，颇同短制"。也就是说，从表面看是长篇小说的规模，但由于每一个人物的故事都可以视为一部短篇小说，因此整本书像是一部短篇小说的合集。但如果读者真将这本书当作短篇小说来阅读，也是不合适的。那么我们面对这样的小说结构，应该怎样阅读呢？可选用整体通读法，先将书中的内容全部浏览一遍。在这个过程中，不需要去纠

结与关注旁枝细节，只要对小说的故事有一个大概了解就可以了。因为只有把一本小说读完之后，你才能谈是否把它读通了，才能将书中的每一个故事和人物放在同一个大背景中去理解、鉴赏、评价，才能真正理解那些主要人物的行为逻辑，才能充分认识科举制度的弊端。

另外，整体通读有助于我们理清小说的线索。虽然小说内容庞杂，人物众多，但是线索还是比较清晰的，就是本书开篇提到的四个字"功名富贵"。在封建时代，"功名富贵"是儒林文士围绕着旋转的轴心，而这四个字也正是本书的第一着眼点，"功名富贵无凭据，费尽心情，总把流光误。浊酒三杯沉醉去，水流花谢知何处。"这是《儒林外史》开篇的几句词，可以说这也是整本书的灵魂所在。整体通读能让我们了解作品的全貌，迅速地找到本书的主要线索。

精读提炼法，赏析手法，品味人物

人物是小说的根本，是小说三要素之一。读懂了人物，自然也就读懂了小说。

对于《儒林外史》这样的优秀作品，在通读的基础上，要进一步精读，做批注，进而总结归纳成读书笔记，提炼出其中的精华。正所谓"不动笔墨不看书"。在阅读的过程中，可以在重要的地方画上圈、杠、点等符号，在书眉或空白的地方写上批语，并随时写下读书笔记或心得体会。美学大家朱光潜就很推崇写读书笔记，"记笔记不仅可以帮助你记忆，而且可以逼得你仔细，刺激你思考"。那么在读《儒林外史》时，应该在哪些地方做批注、做笔记呢？

在精读的过程中我们应该注意小说中炉火纯青的艺术手法。《儒林外史》将讽刺艺术发展到了新的境界，其"秉持公

心，指摘时弊"，为后来讽刺小说开辟了广阔道路。它的讽刺效果主要是通过白描、夸张、对比、反差等手法，借助人事的矛盾冲突，客观表现人物及其生活，使我们通过人物的悲喜人生获得启发。我们可以通过批注交流、文本细读的方式，分析这些常用的手法，体会讽刺小说的风格。

鲁迅先生评价《儒林外史》时曾说："戚而能谐，婉而多讽。""戚而能谐"是指在艺术风格上，《儒林外史》是喜剧性与悲剧性相结合的，或者说是以喜剧的形式表现悲剧的内容。如书中写王玉辉为青史留名，鼓励女儿殉节，在女儿死后，还仰天大笑道："死的好！死的好！"但到了女儿被送入烈女祠公祭之时，他却转为心伤，落了泪，"辞了不肯来"。前后反差，表现了作者的同情和讽刺。"婉而多讽"指作者对人物进行描写时，不直接写其好坏，而是靠人物自身的言语行动来表现，通过委婉曲折的方式，表现人物的思想性格和作者的爱憎感情，以达到发人深思的讽刺意味。例如，马二先生游西湖时，西湖的秀丽景色没有引起他的兴趣，而酒店里挂着的透肥的羊肉，盘子里盛着的滚热的蹄子、海参却使他垂涎三尺。他见了游西湖的女客，低头不敢仰视，看到书店里有自己的八股选本就打听它卖得好不好，这充分地讽刺了他思想的迂腐和精神的空虚。通过精读提炼这些既滑稽可笑又引人深思的描写，可以帮助我们进一步探究这些读书人迂腐的思想和卑劣的行为形成的社会原因。

　　精读时，还要注意提炼小说的特色之处加以赏析。中国古代长篇小说中人物名字的设定往往有其深刻含义，对塑造人物有很大助力。常使用因姓取名的方法，即借助姓氏的字义，取个名与之组合，表达一个完整的意思。《儒林外史》中的"金有馀"为周进的姐夫，从小说中得知他是个买卖人，姓"金"，故起名"金有馀"。作者借助因姓取名的方式，来表达人物内心渴望生意兴隆、日进斗金、财源滚滚的愿望。而"时仁""卜诚""卜信"等因姓取名的例子则说明人物的命名是可以寓意、可以暗含褒贬的。这一点在《红楼梦》中也多有体现。因此，古典小说中的人名也是我们可以提炼赏析的。

> **延伸思考**
>
> 　　我们在阅读时不妨思考一下，本书的重要人物周进，为何姓周，为何名进，名字里有着怎样的寓意呢？《儒林外史》中还有哪些人物的名字是有着丰富寓意的呢？

比较归纳法，体会人物的典型意义与个性特点

在中国古代的长篇小说中，人物常常存在类型化、脸谱化、固定化的问题，例如曹操的奸、诸葛亮的智、李逵的莽。但是《儒林外史》在创作上有了突破，人物开始变得复杂，性格多变。通过鉴赏这些形形色色的人物，我们得以通过他们的共性认识时代，通过他们的个性感受作者高超的写作技巧。

我们可以通过比较归纳法，去感受小说中人物的典型性和鲜明个性。注意思考书中典型人物与当时社会中人物的对应关系，即每个典型人物分别代表了哪类人？这类人的特点是什么？他们面对这个科举社会做出怎样的行为？例如周进、范进、王玉辉等是腐儒的典型，他们热衷功名，迂腐无能；王冕、杜少卿、庄绍光、虞博士是真儒士的典型，他们才华横溢，不慕权贵，淡泊名利；季遐年、王太、盖宽、荆元是奇士的典型，他们离经叛道，大胆地向封建权威和礼俗提出挑战，要求冲破封建束缚。与此同时，我们还要通过比较不同，去感受人物的个性。例如，同属于迂腐读书人形象的周进和范进也有着各自鲜明的特征。周进扶着号板大哭，范进中举后疯疯癫癫，这些行为背后都有着各自的情感表达，读来不会让人感到雷同。

通过比较一个人物前后性格变化，进一步归纳变化的原因，可以帮助我们探究小说的主题。在《儒林外史》中，作者特别注重表达富贵功名对人性的诱惑与摧残，所以很多人物的性格都是发展变化的。如匡超人这个形象的塑造，就能很好地体现小说的主旨。他本是一个淳朴的农村青年，为人乖巧，对父亲的一片孝心令人感动。后来他流落他乡，在杭州遇到了马二先生，并受马二先生的影响，把科举作为人生的唯一出路。考上秀才后，他受一群斗方名士的影响，以名士自居，并以此作为追名逐利的手段。他吹牛撒谎，贪图名利，卖友求荣，忘恩负义，一步步走向堕落。我们可以通过对人物前后形象的比较，来认识科举社会追名逐利的环境对人的戕害。

从不同角度去比较归纳一个人的性格特点可以使我们对其有更加立体的认识。《儒林外史》打破小说人物形象脸谱化的定势，塑造人物时注重表现人物性格的复杂性。例如严监

生就是《儒林外史》中一个着墨不多但形象十分复杂的人物。严监生是一个视财如命的吝啬鬼，但是我们在对其守财奴本性大加讨伐的同时，也要看到严监生思想性格中有人情味的一面。他的吝啬和人情味交织在一起，形成了其矛盾复杂的性格特征。

主题阅读法，深入探究小说主旨

> **文学小窗**
>
> 主题阅读：指围绕某个主题，在某一段时间里，集中阅读与这个主题相关联的多本书籍、多篇文章，以获取对这个领域知识的真正了解与掌握。

阅读《儒林外史》这样篇幅长、人物众多、头绪纷乱的长篇小说，该如何把握主题呢？其实是有方法可循的。中国古代长篇小说一般在开篇会有一回或者一节对整个故事进行概述，或讲述写作目的，或交代故事背景，或暗示发展方向……《儒林外史》的第一回就是用一首词，交代了小说的核心内容：人们对功名富贵的追求。之后五十五回，都在描绘各类人士面对功名富贵的不同表现，一方面真实地揭示人性被腐蚀的过程和原因，从而对当时吏治的腐败、科举的弊

端、礼教的虚伪等进行了深刻的批判和嘲讽；一方面热情地歌颂了少数人物以坚持自我的方式所做的对于人性的守护，从而寄寓了作者匡世的理想。

我们可以运用主题阅读法，找到同时代的类似主题的小说进行横向阅读，比如李宝嘉的《官场现形记》、吴趼人的《二十年目睹之怪现状》，这些作品同样表现了科举制度和封建礼教对读书人乃至社会的毒害，讽刺因热衷功名富贵而造成的极端虚伪、恶劣的社会风习。通过对这些主题类似的小说的阅读，可以深化我们对作品意旨的理解。

> **延伸思考**
>
> 你还阅读过哪些反映科举制度弊端的著作，与《儒林外史》相比，在表现这一主题时有何异同？

深入品读《儒林外史》的多重意味

反复关联

《儒林外史》是清人吴敬梓创作的长篇章回体小说,鲁迅曾赞吴敬梓不在罗贯中之下,胡适甚至认为"《红楼梦》在思想见地上比不上《儒林外史》"。作为中国小说史上讽刺文学的璀璨明珠,鲁迅评它"戚而能谐,婉而多讽",胡适则明确指出它是在"批评明朝科举用八股文的制度",这样的观点也得到后来学者的广泛认同。

如何深入品读《儒林外史》?这就要求我们在阅读时进行反复关联,不断将作品与作品所产生的时代、其他作家的作品、我们的阅读体验进行关联,不断将作品内部的各部分反复关联,让自己在反复关联中走进作品,这样才能真正读懂作品、读懂作家,读出深意、读出己意。

在关联中读范进中举的多重意味

读《儒林外史》不得不读范进中举，因为这一情节写得实在太具有讽刺意味了。但我们因对科举制度下的社会背景不甚了解，初读起来有隔膜，难以理解其中极深刻的讽刺意味。这时就需要我们与现实生活相关联，与范进所处时代的社会风气、社会制度相关联，与作品中和范进相似之人相关联，与其他类似作品相关联，这样才能真正读懂其中的讽刺意味。

讽刺一心追求功名富贵的读书人

我们可以将范进所处的时代与现实生活关联起来阅读。作家张天翼就指出，假如这部书放到如今，是要改一改一些术语的，如将秀才改为小学毕业生、举人改成中学毕业生、进士改成大学毕业生，而举业就是要拿到相应的文凭，否则"那个给你官做"？与现实相关联，再读五十四岁的范进"二十岁应考，到今考过二十馀次"，就能更好洞察他执着于科举的真实用意——干禄。与曹公借宝玉之口直斥这类读书人为"国贼""禄蠹"不同，吴敬梓的讽刺要委婉含蓄得多。

> **文学小窗**
>
> 国贼、禄蠹：《红楼梦》中贾宝玉痛恨一心钻营官场的腐儒，称其为"国贼""禄蠹"。禄指古代官吏的俸禄。蠹读作dù，指蛀虫。袭人就曾说："凡读书上进的人，你（宝玉）就起个名字叫作'禄蠹'……"

讽刺利欲熏心、趋炎附势的社会风气

明清时期的科举考试，大致分院试、乡试、会试、殿试，院试前还有两场预备考试。通过预备考试的"童生"，获得院试资格。院试考中者获得"生员"身份，俗称"秀才"，录取比例极小，大概为1%—10%。此时考中者虽已正式成为下层绅士的一员，但还不能直接做官。要想步入仕途，还需参加每三年一次的乡试，被正式录取的人称"举人"，录取比例比考取"生员"还低，竞争相当激烈，一旦考中，将跻身上层绅士之列，名利与权势随之将至。

关联明清的科举制度，再读范进中举，就不难理解范进何以会在听闻中举的消息后发疯，其丈人胡屠户何以对其前倨后恭，曾做过一任知县的乡绅张静斋何以亲自登门拜访还赠银送房，邻里中何以"有许多人来奉承他"。究其根源，无外乎范进其人虽低微卑贱、穷困潦倒，但其举人的身份却是高高在上、无比尊贵的。这样一来，讽刺的对象就不仅仅局限于汲汲于功名的读书人，而是扩大到整个利欲熏心的民间社会。

讽刺形式僵化、难出真才的科举制度

科举以"四书""五经"为基本考试内容，实施的初衷是把读书人培养成熟悉儒家经典并根据它来为人处世的君子，进而在这些君子中选拔佼佼者来协同治理社会，但实际情况却与理想目标相去甚远。

> **文学小窗**
>
> "四书""五经"：儒家经典，"四书"即《大学》《中庸》《论语》《孟子》，"五经"即《诗经》《尚书》《礼记》《周易》《春秋》。

例如这位万中挑一的举人范进，中举前的他面黄肌瘦，被"冻得乞乞缩缩",住在一间草屋中,放榜那日竟困窘到要卖老母亲的下蛋鸡才能买米度日的境地,无能到养不活家人与自己。我们可以关联到鲁迅笔下的孔乙己:"原来也读过书,但终于没有进学,又不会营生;于是愈过愈穷,弄到将要讨饭了……"再关联到书中类似的人物,做了三十七年秀才、卖掉四个亲生儿子的倪霜峰,他自己就说:"就坏在读了这几句死书,拿不得轻,负不的重,一日穷似一日。"不难发现,他们何其相似:一心只读圣贤书,毫无基本的谋生技能。吴敬梓借此讽刺催生出无能读书人的科举制度。

如果说读书人不善营生,肚子里还有些真才实学倒也罢了,科举制度下的读书人却大多毫无学识。范进考场文章是"天地间之至文!真乃一字一珠",然而他却连千古大文豪苏轼都不知晓。关联到书中的其他读书人,张静斋胡诌刘基"是洪武三年开科的进士";马二先生竟不知李清照是何人;高翰林认为八股文的限制适用于所有文体……由此可见,为了应考只读"近科中式之文"的读书人,学识、眼界、思想均受禁锢。吴敬梓借此讽刺催生出无知读书人的科举制度。

书中还写范进的丈人——胡屠户,常"不得不教导"范进,教导的方式往往是一口啐在他脸上,把他骂个狗血淋头。"……像你这尖嘴猴腮,也该撒抛尿自己照照!不三不四,就想天鹅屁吃！"面对疾风骤雨般的侮辱，范进如夹着尾巴的丧家之犬，道："岳父见教的是。"关联其他作品，如《红楼梦》中的一众清客，曹公给他们取名詹光（沾光）、单聘仁（善骗人）、卜固修（不顾羞），写他们巧妙地奉迎、高明地讨好，如摇尾巴的媚犬。不论丧犬、媚犬，这些人都丧失了作为读书人本该珍重的尊严与骨气，而一纸八股是考量不出人的尊严与骨气的，科举制度选拔到的往往是这些无骨的读书人。

  在科举制度下，应试者大多只将儒家经典当成猎取功名富贵的工具，故而像范进般无能、无知、无骨者不少，更有甚者无情、无耻、无为，他们用合乎纲常的言辞包裹起自己卑劣的行径，"满嘴的仁义道德，一肚子男盗女娼"。吴敬梓对这种教育目的与实际情况背道而驰的状况看得尤为清楚，于是有了由至纯至孝走向势利卑鄙的匡超人，冒名顶替、招摇撞骗的牛浦郎，横行霸道、欺诈弱小的严贡生，贪婪残酷、临阵脱逃还降了叛军的王惠，声声夸赞女儿"死的好"的王玉辉……"这个法（指用八股文取士）却定的不好！将来读书人既有此一条荣身之路，把那文行出处都看得轻了"，这是吴敬梓在开篇第一回借王冕之口提醒读者，将其笔下的人物与这段文字关联起来，就不难读出深藏其中的讽刺意味了。

在关联中读作者的高妙手法

高明的讽刺从来不是直露的批评、狠毒的咒骂。天才讽刺者往往以冷静的笔触、客观的描述，在不动声色、不着痕迹中对黑暗面予以最深刻、最犀利的讽刺。他将主观情感的倾泻寄托于相对客观的描写中，将"热心"藏于"冷语"中。而恰好吴敬梓就是这样一个天才讽刺者，他在作品中对各种讽刺手法的纯熟运用达到了前无古人后无来者的高度。以手法为点，关联相关内容，才能读出作者高妙的讽刺艺术。

对比——刺穿伪装的利刃

吴敬梓太擅长利用对比这把利刃于无形中刺穿伪君子们华丽的外衣，"使麒麟皮下露出马脚"（鲁迅《华盖集续编》）。

如第四回写严贡生，实在太精妙了。甫一出场，这位严老爷自诩"为人率真,在乡里之间,从不晓得占人寸丝半粟的便宜",话刚说完,吴敬梓就安排严贡生家的小厮出场,写他关邻人的猪,讹邻人的钱。这还不算,接下来又写这位乡绅所行诸件丑事:并未借钱倒强收利息、儿子结婚克扣吹手银子、用云片糕充名贵药以赖船钱、硬将第二子过继给寡弟媳为嗣……凡此种种,不一而足。

这种言行不符、心口不合的对比,正刺穿了这位"忝列衣冠"之人的伪装,揭露其阴险狡诈、贪婪无耻的真面目。

> **文学小窗**
>
> 据《尔雅·释诂》:"丁,当也。"丁是遭逢、遇到的意思。忧指父母的丧事。丁忧,就是遭逢父母丧事的意思。父母去世后,儿女们要遵循一定的民俗和规定,这就是所谓的遵制。丁忧期限为三年,期间不能做官,不能应考,不能嫁娶。

无独有偶,类似的对比在书中俯拾即是,我们可以关联起来阅读。如范进母亲去世,他遵制丁忧,表面上不用银镶杯箸、磁杯象牙箸,却"在燕窝碗里拣了一个大虾元子送在嘴里";又如陈和甫自称"山人",不隐逸山林却"总在王爷府里和诸部院大老爷衙门交往";还如时知县下乡拜访王冕，看似屈尊敬贤，实则想兼收讨老师欢心之利与重贤之名……吴敬梓以对比的手法，暴露出这些伪君子表里不一的本质——以道德之名行不道德之事。

同样采用这种对比手法来塑造人物的还有鲁迅，不妨关联起来阅读。《祝福》中鲁四老爷的书房中贴着"事理通达心气和平"的对联，这仅是"讲理学的老监生"的自我标榜而已。他"大骂其新党"，在祥林嫂的婆家抢走祥林嫂后大骂"可恶"，在祥林嫂死后骂其"是一个谬种"，在为数不多的出场中，他的表现实在难副上述八字。

表里不一，还表现为同一人物前后行为的矛盾，将这种矛盾进行对比，可以揭露人的本来面目，形成强烈的讽刺效果。

例如书中写匡超人，早期的匡超人勤学敏捷，对父亲有一片至孝之心。父亲卧病，他双膝跪下，用肩膀架起父亲双腿伺候父亲出恭，每夜服侍到四更鼓才睡。就是这样一个至孝青年，在进了学后充名士选时文，助潘三伪造公文，当枪手；补了廪后停妻再娶；当了教习后，对他有恩的潘三下狱，希望与他"会一会，叙叙苦情"，他却说"潘三哥所做的这些事，便是我做地方官，我也是要访拿他的"，看似义正词严，实则忘恩负义。他在功名路上一步步前进，在人格路上却一步步后退。袁行霈先生就直指其"从一个纯朴的青年而堕落成无耻的势利之徒"。

在《红楼梦》中的贾雨村身上，我们也能捕捉到匡超人的影子，将两者关联起来阅读，更能体味到其中辛辣的讽刺意味。考取功名前的贾雨村寄居葫芦庙，却吟出"玉在椟中求善价，钗于奁内待时飞"这样颇有气势的诗句。等中了进士，选入外班，升了知县，却有贪酷之弊；等补授了应天府，贾雨村为巴结贾府乱判人命官司；为讨好贾赦，他滥用职权，强夺石呆子古扇，"弄得人坑家败业"；此后一路平步青云的他在贾府遇难时，不出手援助反落井下石。

除了将这类读书人的表里进行对比，吴敬梓还在书中塑造了戏子、商人、女流等本为读书人鄙薄不齿的人物与其进行对比，在鲜明的反差中实现强烈的讽刺。都说戏子无情，可戏子鲍文卿却重情重义：他为向鼎求情使其免罪却不受其谢银，他收养穷秀才倪霜峰的儿子并使其读书而非学戏。都说商人重利，但见到周进一头撞死在贡院，救过来后"直哭到口里吐出鲜血来"，几位商人成人之美，仗义资助周进进场考试。都说女流柔弱，且看沈琼枝不愿做妾而从夫家出逃何其勇敢，出逃后靠刺绣、写诗养活自己何其自立！再将这些人与书中那些无知无能、无德无耻的假名士、伪君子关联起

来，后者实在令人作呕反胃。

夸张——看清真相的放大镜

合理的夸张犹如放大镜，让读者能更清楚地看到隐秘、丑陋的真相，吴敬梓当然深谙其道。《儒林外史》中就有许多运用夸张的情节：周进欲撞死于贡院，范进听闻中举后发疯，范进之母因欢喜而丧命，胡三公子买鸭子前要先用耳挖戳戳脯子上的肉看看肥不肥，严监生弥留之际还不忘伸出两个指头提醒多点了一茎灯草……

聚焦严监生临死前的描写，始终不肯放下的两个指头指的既不是亡妻幼子，也不是家中的产业，竟然只是两茎小小的灯草。多出一茎灯草的利害远超这位"家有十多万银子"的严监生的一切，成为他生命终结的那一刻最看重的东西，多么讽刺！这与法国现实主义文学大师巴尔扎克笔下的葛朗台有着异曲同工之妙，我们不妨将两者关联起来阅读。葛朗台在临终前，竟想将教父镀金的十字架抓在手里，他对女儿唯一的遗言是："把一切照顾得好好的！到那边来向我交账！"身处不同时代、不同国度的两位大作家，都运用了夸张的手法，把吝啬鬼的本质加倍放大，取得了绝佳的讽刺效果。

儒林外史
儒林深深，兴味几许

我们还可以关联更多的作家作品，如老舍在《离婚》中，写处在变革时代的人们结婚，把轿子放在汽车里，夸张而滑稽，讽刺了当时人们既要赶时髦又要守传统，只好"中西合璧"、错乱嫁接的文化心理。又如《孽海花》中写李纯客在做寿那日的一段"精彩演出"。他本来好端端坐在竹榻上看书，当看到客人进来，他"连忙和身倒下，伏在一部破书上发喘，颤声道：'呀，怎么小燕翁来了！老夫病体竟不能起迓！怎好？'"他惺惺作态，无非是想标榜自己清高脱俗，作者曾朴正是通过安排人物上演这夸张得近乎拙劣的一幕，以放大人物虚伪可笑的真实面目。

> **延伸思考**
>
> 尝试结合以往的阅读体验，谈谈哪些作品与《儒林外史》在表现手法上较为接近，并作具体分析。

在关联中读深层的儒生情怀

对丑恶施以最冷峻的讽刺背后,恰恰隐藏着作者对美善最热烈的渴盼。所以当吴敬梓在塑造了那么多在科举制度下被腐蚀、被毒害、被异化的"假儒生"之后,他又倾情刻画了一批他肯定的、赞扬的、理想中的"真儒生"。读懂"假儒生",关联"真儒生",能更深入地体味吴敬梓在书中所寄托的儒生情怀。

真儒生:追求真我,不慕荣利

何为真儒生?真儒生追求的是真我,是纯洁的不为世俗功利所染的学术理想和人格修养,他们不会也不屑于追求功名富贵,因为功名富贵只会压下人的头颅,抽去人的脊梁;但他们也并非绝对地厌弃功名钱财,抛却治生的能力,因为只有经济上有了基本的保障,才可能实现精神上的独立。

儒林外史
儒林深深，兴味几许

吴敬梓着力推崇的"真儒"虞育德就是这样一位既清高又具备治生之能的"大圣人"。他也曾几次赴考，只因祁太公建议"进个学，馆也好坐些"。就算中间失利落榜，他也不甚介意。与那些企图通过考试获得高官厚禄、光耀门楣的"假儒"相比，虞博士不过将科举作为治生的门路之一。只因如此，他才始终不忘"我本赤贫之士"的出身，才能始终保有胸中的淡然、豁达。

书中还有一位可与虞育德比肩的真儒生——"不事王侯，高尚其事"的隐士庄绍光，他受皇帝征召却"恳求恩赐还山"，展现了真儒生不慕荣利、不屈权势的高尚人格。

再关联到东晋田园诗人陶渊明，因家贫不足以自给，他听亲故劝告见用于小邑，怎奈质性自然，身处官场深感痛苦，便自免去职，从此隐居山林长吟"归去来兮"，以平淡质朴的笔触咏洁身自好、洒脱自然的人生追求。

真儒生：心怀天下，修齐治平

何为真儒生？真儒生有着心怀天下、修齐治平的责任与担当。

吴敬梓特意安排了修建泰伯祠的情节，来讴歌真儒生强烈的社会责任感。泰伯是周人祖先古公亶父的长子，为遵照父亲立贤的意愿将天下让与幼弟，这种行为符合儒家"孝悌礼让"的思想，孔子就曾盛赞泰伯"其可谓至德也已矣"。所以迟衡山倡议为这位"古今第一个贤人"盖一所专祠，"借此，大家习学礼乐，成就出些人才，也可以助一助政教"。由迟衡山发起，杜少卿、虞育德、庄绍光等众多真儒生出钱出力，泰伯祠拔地而起。众人又择定良日，郑重其事地举行了庄严肃穆的开祠大祭，吴敬梓不惜笔墨描写的这场隆重的祭祀大典，成为整部书的高潮所在。

关联到历史，有孔子倡导"鸟兽不可与同群"并坚持周游列国明王道；有范仲淹写下"先天下之忧而忧，后天下之乐而乐"；有杜甫甘愿"吾庐独破受冻死"也要为天下寒士呼唤"广厦千万间"……真正的读书人有一种自觉自发的群体性共识，将社会与天下肩负于己身，切己关联，这样的意识与精神不也应该为当今读书人所继承与发扬吗？

※　※　※

《儒林外史》是中国古代最优秀的讽刺小说之一，整部书所呈现的世界是那样丰富而复杂。读者只有不断将作品与作品产生的背景、其他作家的作品、阅读者自己的生活和阅读体验进行关联，不断将作品内部各个部分反复关联，使自己"旋入"其间，才能打开自我的生命场，让文学作品化作取之不尽、用之不竭的精神养分。

逼近作品

探求作家、作品内在之气

  胡适先生曾说:"我们安徽的第一个大文豪,不是方苞,不是刘大櫆,也不是姚鼐,是全椒县的吴敬梓。"可见,吴敬梓先生其人其文在文学史上独特而重要的地位和价值。《儒林外史》作为吴敬梓的代表作品,是中国古代讽刺文学的巅峰之作,其不动声色、明白如话的文字,细细读来却令人感到惊心动魄,字里行间涌动的不仅仅是人物、是故事、是情感,更是作家真实的生命体验。因此在阅读《儒林外史》时,我们要走近作家,逼近作品,感受字里行间涌动着的情感。

走近作家，体味笑中带悲的生命特质

在语文学习中经常会提到一种阅读方法，叫作"知人论世，以意逆志"，也就是说要深入了解一部作品的情感内涵，需要了解作者本人的生平经历，研究作者所处的时代背景。走近作家，对作家和作家生活的时代背景有了较为深入的了解，才更有助于读者披文入情，更全面地理解作品。

了解作者生平

让我们把追寻的目光投向三百多年前，清康熙四十年（1701年），讽刺文学的鸿篇巨制《儒林外史》的作者吴敬梓出生在安徽全椒县的吴家老宅"探花第"中。吴氏家族在当地是名门望族，其祖上出了六位进士，两位秀才，其中榜眼、探花各一位，真可谓是"家声科第从来美"（吴敬梓《乳燕飞》），但到了吴敬梓这一代，祖辈们科举取士的辉煌已成为

过去。他的父亲吴霖起也仅仅做了江苏赣榆县县学教谕这种末流小官。

吴敬梓"生而颖异，读书才过目，辄能背诵"（《文木先生传》），但随着吴门没落，他"袭父祖业，有二万余金。素不习治生，性复豪上，遇贫即施，偕文士辈往还，饮酒歌呼穷日夜，不数年而产尽矣"（《文木先生传》）。可见，吴敬梓豪爽大气，不汲汲于富贵名利，是一个颇有豪杰之气的文人。从出身科第世家的聪慧神童沦落为命运多舛的破落子弟，他始终未能重现祖宗光辉。他二十一岁考取秀才，二十八岁参加科考，被斥为"文章大好人大怪"，未能金榜题名，功名蹭蹬，穷途落魄，受尽乡人嘲笑，尝尽世人冷眼。因此，他在自己的词作中辛酸自嘲"田庐尽卖，乡里传为子弟戒"（《减字木兰花·庚戌除夕客中》）。家道沦落使他看清世人面目，于是，在雍正十一年（1733年），三十二岁的吴敬梓带着满腔悲愤，背井离乡，移居到六朝古都南京，将笙歌燕舞的繁华秦淮作为寓居之所，自称"秦淮寓客"，期间游居扬州，靠卖文和友人接济为生，生活十分艰难。

乾隆元年（1736年），三十五岁的吴敬梓参加博学鸿词科预试，亲见科场文人的狼狈丑态与官场的黑暗腐败，安徽巡抚赵国麟举荐他入京廷试，但他"坚以疾笃辞"（顾云《吴敬

儒林外史
儒林深深，兴味几许

梓传》），从此不再参加科举考试。晚年他过着饥寒交迫的生活，生存窘迫。乾隆十九年（1754年），吴敬梓卒于扬州，后由友人出资归葬南京，结束了他命途多舛的一生。

> **延伸思考**
>
> 有很多作家的成长经历与吴敬梓相似，如鲁迅先生就是"从小康人家而堕入困顿"，这样的人生经历与他的文学创作内容和风格有什么内在的关联之处？可以查阅资料，选择一位作家进行分析。

研究时代背景

小说大致以明代为背景，起于元末明初，终于万历四十四年，正文部分共写明代成化、弘治、正德、嘉靖、隆庆和万历六朝，历时一百余年。明写明朝，暗射其时。吴敬梓生活的时代历经清康熙、雍正、乾隆三代，此时中国已经出现了资本主义生产关系的萌芽，"康乾盛世"的表面繁荣难以遮掩封建社会的腐朽本质，统治者为控制百姓思想，禁锢士人，大力推行八股取士的科举制度，并常常大兴文字狱，世风颓废，官吏腐败，人心卑劣。

吴敬梓一生功名蹭蹬，举业无成，他看破世情，对士子

们醉心于功名利禄深恶痛绝,他用如椽巨笔饱蘸满腔激愤,无情地讽刺了儒林士人深陷名利泥潭的现实,深入挖掘并揭露其产生的社会根源。

在为戏曲《玉剑缘传奇》作序时,吴敬梓感喟道:"君子当悒郁无聊之会,托之于檀板金樽以消其块垒。"我们可以从中体会到吴敬梓创作《儒林外史》这部小说的初衷。他深切体会到,八股取士对儒林士子身心造成了巨大的戕害。多年在科举场中沉浮,他们饱尝了因科举败北所致的痛苦,有的甚至在思想上逐渐钝化、僵化。世情看冷暖,人面逐高低,《儒林外史》这一幅"儒林百丑图"可以看作是吴敬梓对科举制度的彻悟。

"客况穷愁两不堪",命途多舛,他乡留滞,痛苦、深刻的生命体验让吴敬梓用清醒的目光审视社会,解剖人生与人性。作为讽刺文学的扛鼎之作,《儒林外史》不单单是一部反映腐朽的科举制度的讽刺小说,更是一部剖析世态人情的社会小说,具有独特的价值和深刻的思想意义。

我们阅读这部小说,需要走近作者,观照作者大致的人生经历,结合其生命体验,回到历史语境中去体察作者的创作意图。由此,我们不难看出,他的作品与他的人生经历血肉相连,作品讽刺中带着同情,戏谑中带着悲凉。

逼近作品，感受汹涌澎湃的文字之气

对作家有了一定程度的了解，再来细读作品。《儒林外史》这部小说在看似不动声色的文字之下，汹涌着作者如山海般磅礴澎湃的情感暗流，需要我们阅读者真正逼近作品，反复阅读，感受汹涌澎湃的文字之气。

吴敬梓以烛幽之笔，深刻揭露人性的复杂，皮里阳秋，写下了这部散发着思想光芒的现实主义杰作。鲁迅先生在其《中国小说史略》中说："迨吴敬梓《儒林外史》出，乃秉持公心，指摘时弊，机锋所向，尤在士林；其文又戚而能谐，婉而多讽：于是说部中乃始有足称讽刺之书。……是后亦鲜有以公心讽世之书如《儒林外史》者。"此言甚是。

感受作者的辛辣讽刺之气

《儒林外史》是古代现实主义讽刺文学的顶峰之作，其中

"范进中举"片段还被选入中学语文课本。作者笔力老辣，字字见血，虽是平直叙述，却也令人深思。

比如第三回，这一回的回目是《周学道校士拔真才 胡屠户行凶闹捷报》，文中写道，周进将范进的卷子用心用意地看了一遍，心里不喜道："这样的文字，都说的是些甚么话！怪不得不进学！"丢在一边不看了，之后他却又说："这样文字，连我看一两遍也不能解，直到三遍之后，才晓得是天地间之至文！真乃一字一珠！"范进进学纯属偶然，作者对科举取士的荒谬给予无情的嘲讽。

作者详细地描绘了范进中举前后岳父、邻居们前倨后恭的不同表现。中举前岳父胡屠户蔑称他是"现世宝穷鬼""烂忠厚没用的人"，中举之后尊称他是"天上的星宿""贤婿老爷"，并称赞他"才学又高，品貌又好"，不仅是岳父如此，乡邻也都来奉承他，"有送田产的，有人送店房的，还有那些破落户，两口子来投身为仆图荫庇的。到两三个月，范进家奴仆、丫鬟都有了，钱、米是不消说了"。中举前后，范进的待遇有着天壤之别。吴敬梓以朴素平实的语言描绘出了这种趋贵笑贫的丑恶嘴脸，讽刺力度极强。

除了在平实叙述之中可见讽刺之意外，作者还特别擅长在三言两语之间揭露腐儒丑恶的嘴脸。张静斋邀范进一起去高要

儒林外史
儒林深深，兴味几许

县打秋风时遇到了严贡生，严贡生除了编造与知县关系亲近外，还自夸道："小弟只是一个为人率真，在乡里之间，从不晓得占人寸丝半粟的便宜……"在范进对他进行了一番恭维之后，严贡生家中小厮前来请他回去，说："早上关的那口猪，那人来讨了，在家里吵哩。"严贡生道："他要猪，拿钱来！"短短六个字将严贡生奸诈卑鄙、贪财虚伪的小人嘴脸刻画得十分传神，取得了巧妙的讽刺效果。

吴敬梓不仅对儒林士人的丑态进行了无情的鞭挞，还表达了对那些浅薄至极的商人、暴发户的鄙夷与蔑视。他借季苇萧之口描绘了对功名富贵趋之若鹜的"扬州六精"们，极尽讽刺之能事：

> 他轿里是坐的债精，抬轿的是牛精，跟轿的是屁精，看门的是谎精，家里藏着的是妖精，这是"五精"了。而今时作，这些盐商头上戴的是方巾，中间定是一个水晶结子，合起来是"六精"。（第二十八回）

反复品味这些语言细节，不难读出作者平静叙述中蕴含的老姜般的辣气。

感受作者的激愤不平之气

《儒林外史》塑造了形形色色的人物，不管是功名文士、八股选家，还是江湖名士，即便是作者着力批判的周进、范进、鲁编修等人，作者也对他们给予了几分同情与理解，写出了他们在功名场里挣扎的辛酸苦楚与无奈凄凉。

富有才华的向知县"是个大才子，大名士，如今二十多年了，才做得一个知县，好不可怜"；处州老秀才马纯上补廪二十四年，半生已过却举业无望；权勿用"又不会种田，又不会作生意，坐吃山崩，把些田地都弄的精光，足足考了三十多年，一回县考的覆试也不曾取……在家穷的要不的，只在村坊上骗人过日子"；老童生周进到了花甲之年还没中秀才，接连受到秀才梅玖的嘲弄耻笑和举人王惠的白眼相待，满腹嗟怨却无处可发，看到贡院伤心欲绝竟一头撞到了号板上，醒来后哭出血来；五十几岁的老童生范进考了二十多次终于考取了举人，却喜极而疯，母亲也乐极生悲而亡……这些鲜活的生命因为科举制度的弊端而长期郁郁不舒，他们皓首穷经，人性在腐朽的制度面前已被扭曲得可怖、可惧、可悲、可叹，他们是封建社会科举制度的牺牲品。

世风不正，有才者才能无处施展，无德者却身居高位，

儒林外史
儒林深深，兴味几许

对于这种社会怪现状，吴敬梓困顿其中，无能为力。严致中身为贡生，却德行不正，不仅瞧不起弟弟严致和（即严监生），编造与汤知县相交的故事与张静斋和范进拉关系，还强行扣下了邻居的猪，活脱脱一个无赖形象；匡超人原本淳朴善良，但之后他受马二先生影响，以科举为人生信条，考上秀才后以"名士"自居，他忘恩负义，卖友求荣，一味蝇营狗苟，追名逐利，彻底堕落为虚伪卑劣的衣冠禽兽。这样龌龊的人横行乡里，青云直上，而想要报效朝廷的萧云仙却被削职、遭破产。"论出处，不过得手的就是才能，失意的就是愚拙；论豪侠，不过有馀的就会奢华，不足的就见萧索。凭你有李、杜的文章，颜、曾的品行，却是也没有一个人来问你。"作者用直白浅显的语言，表达了心中的愤愤不平之气。

感受作者的傲骨铮铮之气

《儒林外史》开篇改编了名士王冕的故事，隐去了历史上王冕屡次应试不第的经历，塑造了一个淡泊名利、有铮铮傲骨的真儒形象。这个故事具有"敷陈大义""隐括全文"的作用。

王冕善于作画，且精通天文、地理、经史，有着经世致

用的学问，但可惜生不逢时，只能出世保身。王冕向秦老道："时知县倚着危素的势要，在这里酷虐小民，无所不为。这样的人，我为什么要相与他？"他主动隐世，避交权贵，是为了保全自身节操不受世俗权势胁迫和污染，他坚守自己的原则，宁肯"不中抬举"，得罪知县，也不肯趋炎附势。清醒者如王冕，得知礼部议定要用"四书""五经"八股文取士，便清醒地意识到"一代文人有厄"；听闻朝廷行文到浙江布政司，要征聘他出来为官，他及时退避，连夜逃往会稽山中，并隐去姓名，保全了自己的节操。

文人自古清高，但像王冕这样能够在乱世之中保有一身傲骨、不向权贵低头的真儒士，在《儒林外史》中并不多见。这样的理想人格也是作者所赞颂的。我们从作者对王冕赞赏的态度中不难读出他对科举制度的控诉及其卓然独立于科举泥淖之外的铮铮傲骨之气。

感受作者的自由超然之气

作品中的人物各具特色。腐儒者疯狂贪婪，一味追求功名，如周进、范进；真儒者，如王冕，花明柳媚时节戴高帽，穿阔衣，唱着曲，游山玩水，怡然自得。而杜少卿这一人物，历来被认为是作者本人的投影，寄予着作者的人格理想。

儒林外史
儒林深深，兴味几许

  杜少卿与作者一样，豪爽真诚却不懂理家之道，家财败落之后移居南京，得以结识各地名士。他看破世俗人情之后，对功名富贵有着睿智清醒的认知——"弹琴饮酒，知命乐天"。当巡抚李大人举荐他时，面对着突如其来的功名，他没有像范进中举那样高兴到发疯发狂，而是理智且坚定地说："小侄麋鹿之性，草野惯了……"朋友和他聊到此事，他说道："正为走出去做不出甚么事业，徒惹高人一笑，所以宁可不出去的好。"在李大人遣人催促其到京里做官时，他托病不就。做官之事作罢后，他心喜道："我做秀才，有了这一场结局，将来乡试也不应，科、岁也不考，逍遥自在，做些自己的事罢！"于是春天、秋天，少卿同其妻出去看花吃酒，好不快活！

  作者结合了自己内在的生命体验，在杜少卿这个人物形象上投射了一种诗化的理想型人格，那就是在繁芜丛杂的世俗人情社会中能够找到真正的自我，追求清闲自在、随心自适的生活。

  更值得注意的是，小说还将笔墨倾注在一些小人物的身上，体现底层人民对自由的看法和追求。凤四老爹行侠仗义，帮助陈正公讨回被毛二胡子骗去的银两，有着江湖侠士的做派，陈正公真诚道谢，他潇洒地说自己是"一时高兴"。卖火

纸筒子的王太则认为"天下那里还有个快活似杀矢棋的事！我杀过矢棋，心里快活极了"！裁缝荆元则"每日寻得六七分银子，吃饱了饭，要弹琴，要写字，诸事都由得我；又不贪图人的富贵，又不伺候人的颜色，天不收，地不管，倒不快活"？此外，还有写字极好的季遐年、开茶馆的盖宽等小人物。他们不求富贵，凭一技之长，自食其力，在自己的小天地里自得其乐，这在当时普遍以高官厚禄、富贵显达为圭臬的世俗社会中，是难能可贵的，这也是作者超然物外、向往自由的心理投射。

  小说中这些正面人物背弃礼法，恣意随性，恬淡闲适，正是因为他们不满黑暗的社会现实和虚伪势力的世俗风气。但他们也清醒地知道，他们的理想在现实中难以实现，仅凭一己之力难以改变这黑暗的社会，因此，王冕终老于会稽山，泰伯祠渐渐荒废，杜少卿贫穷到卖文为生……通过对作者情感之气的把握，我们可以从了解人物的个体形象进而把握整个儒林的整体形象。

※　※　※

  《儒林外史》行文风格冷静客观，人物众多，时间跨度较长，故事情节表面上松散，缺少联系，我们在整本书阅读中

儒林外史
儒林深深，兴味几许

存在较大困难。但如果能够在了解作者生活经历的基础上进行阅读，逼近作品语言，感受作品中一个个鲜活的人物，把作品中的人当作"人"来对待，不求唯一，但求唯真，读出作者深蕴其中的生命感受，就能真正地读懂作品。

见微而知著

南宋人陈善在所著的《扪虱新话》中写道:"读书须知出入法。"读书既要能够走进作品,也要能够走出作品。所谓宏微关照,才能读出滋味。

吴敬梓出身仕宦之家,又受到了明清之际批判现实的思潮的影响,对社会的观察独到而深刻,他创作的《儒林外史》也因此具有了常读常新的主题价值。同时,正如鲁迅先生曾评价的那样,"《儒林外史》作者的手段何尝在罗贯中下",尤其是其高超的讽刺艺术,对后世的讽刺文学产生了深远的影响。在阅读这本小说时,我们要从微观的细节中叩问作品宏观的主题价值,体味作家化思想于形象的创作力,领悟其艺术技巧背后的艺术规律,从而提升自己的艺术审美能力。

研读情节细节，叩问作品宏观主题

有人说《儒林外史》深刻反映了当时读书人的怪相，揭露了科举制度的弊端。这固然是不错的，例如周进的故事。这个故事用两回的容量浓缩了周进跌宕起伏的一生，情节非常紧凑，极具艺术张力。用这样一个故事，作家向读者提出了他的主题叩问——谁在导演人生的悲喜剧？

周进科举高中背后的深意

我们来看细节。周进是一个六十多岁还没有进学的童生，只得以教馆为业，可见其人生的窘迫。六十多岁还未进学，于科举他应该是没有什么希望了。但是作家偏偏安排了他的人生转机，在他连老师也当不成，算是彻底放弃了科举之路以后，机遇出现了。沦落为账房先生的周进因为商人的资助以监生的名义进入科场，居然一下子就中了首卷，接着就中

了进士！细细读来，作家在这里安排的种种巧合让人心底生寒。周进追求大半生都不得进的贡院，捐一个监生就能进场了，只需要"每人拿出几十两银子借与周相公纳监进场"，简单到有些荒谬！一个考了几十年都中不了秀才的人，怎么就轻易地中了举人和进士？科举的神圣性何在呢？不过是银子和运气罢了。科举取士的严肃性与此处的偶然性构成了巨大的反差，产生了强烈的讽刺效果。到此，我们已经看见了作家对科举八股取士的鲜明态度。

范进等人科举高中背后的深意

接着小说安排他做了学道，站在了科举的顶端，把这种讽刺进一步深化。周学道先是严肃地暗下决心"须要把卷子都要细细看过，不可听着幕客，屈了真才"。接下来他的行为却和严肃半点儿搭不上界。只见他先是"用心用意"看了一遍范进的卷子，觉得"这样的文字，都说的是些甚么话！怪不得不进学"！后因"怜他苦志"，又看了一遍，"觉得有些意思"。看了三遍之后，"才晓得是天地间之至文！真乃一字一珠"！于是周学道感慨道："可见世上糊涂试官，不知屈煞了多少英才！"他自己就是差一点儿被屈煞了的英才，而让他没有屈煞英才的原因居然是"还不见一个人来交卷"的巧合！这简直是奇遇了！范进运气太好了！魏好古显然就没有这样的好运。他画蛇添足地要求"大老爷面试"，结果被赶出去了。但是他也不算倒霉，毕竟周进是个暗下了决心要"把卷子都要细细看过"的学道，虽然斥责了他，但还是把卷子取来看，见他"文字也还清通"，就"把他低低的进了学"。学道大人只看了两份卷子就一个定了第一名，一个定了二十名。学道大人看卷子何其武断！决定着无数读书人命运的严肃的科举考试，居然如此儿戏。

  一个糊涂试官也许是吏治的腐败，但此处自诩不糊涂的周进却揭示了科举制度的荒谬。由此，我们不难发现小说不是在批判个别昏官的行为，而是把批判的矛头指向了科举制度和文化风气。在后续的情节中，我们会看到选出来的"英才"范进的真实水平。他固然也是一个好人，文章更是"一字一珠"，但是却连苏轼是谁都不知道，如此进士真是可笑至极！诸多细节，生动地表现了科举制度的荒谬。读者看得见的是八股取士选出来的无用的进士，看不见却可以想象到的是科举制度埋没了多少人才。

  作为吴敬梓本人在书中的投射，杜少卿宁愿说自己"生

死难保",也要拒绝廷试、任官。小说开篇设定的读书人的楷模——王冕,更是道出"这个法却定的不好!将来读书人既有此一条荣身之路,把那文行出处都看得轻了",鲜明地表达了对八股取士制度的否定。

品味人物细节，叩问作品宏观主题

周进的故事让人感慨八股取士荒谬可笑。然而，周进的艺术魅力不仅于此，小说也绝不仅仅批判了八股取士。否则，在今天八股取士已经淹没在历史的尘埃之中，我们读这本小说还有什么现实意义呢？

外貌描写凸显主题

我们可以深入到人物描写的微观细节中，感受文学大家穿透时空的笔力。周进出场的外貌描写中有一个细节——"头戴一顶旧毡帽"，而来做陪客的梅玖只写了一句外貌——"戴着新方巾"。这正是作者巧妙安排的对比。此时的周进是一个六十多岁还没有进学的童生，是没有资格戴方巾的，而梅玖却是年轻的新进学的秀才，所以方巾也是新的。这个细节反映的是科举制度之下士人社会地位的等级，后文梅玖"小友""老

友"的理论更是直接点明了这种身份等级的差异。这种社会地位的差异是科举制度把富贵功名化,把功名体系化的结果。此时的周进当然是处于这个等级制度的最底层,所以他面对年轻的梅玖的奚落挖苦,只是"脸上羞的红一块白一块",对貌似恭维实则挖苦的"预贺",最后也"只得承谢众人"。

  我们能看到周进的委屈,却看不到他的气愤,更看不见他的反抗,身在科场几十年,他和所有人一样,从心底是认同这种身份等级的,他早已失去了人性中的自尊。这个科举与富贵的体系只给读书人规划了一种人生出路——科举中第,这也正是周进人生悲剧的根源。他"苦读了几十年的书,秀才也不曾做得一个",所以当沦为了账房先生的周进看见贡院时,也还是要想办法去逛一逛,挨了鞭子也不能死心。看见号板的周进,"不觉眼睛里一阵酸酸的,长叹一声,一头撞在号板上,直僵僵不省人事"。被救醒了,"又是一头撞将过去",之后在号板上放声大哭,哭到口里吐出鲜血来!这一叹、一死、两撞、一哭的癫狂之态是他被折磨了大半生的精神世界的外化,是这个人物整个生命的写照。

  读懂了周进,我们就能读懂后面故事中范进中举之后的发狂,这是作者的有意重复,这种重复强化了小说的主题表达。而读懂了周进、范进,也就能懂形形色色的儒林中人的言行貌态。其实，又何止整个儒林呢，整个社会都在这个体系的辖制之下。

语言描写凸显主题

在小说中，作家不仅刻画了形形色色的读书人，还描绘了差役、仆人、戏子等三教九流之辈。这些人的言行固然符合各自的身份特点，但是他们的价值取向——对功名富贵的推崇，却惊人地相似。例如胡屠户，简直可以称之为东方的变色龙，关于他的语言描写尤为出色。女婿中了秀才，他说道："不知因我积了甚么德，带挈你中了个相公……"接着，他训斥女婿："你怎敢在我们跟前装大？"女婿借盘费去乡试，他骂女婿："如今痴心就想中起老爷来！……像你这尖嘴猴腮，也该撒抛尿自己照照！不三不四，就想天鹅屁吃！"女婿中了举，在胡屠户口中就成了"天上的星宿"，从"现世宝穷鬼"成了"才学又高，品貌又好"的"贤婿老爷"。生动的语言描写既符合人物的身份，又惟妙惟肖地勾画出了一个前倨后恭的市井小人。此外，夏总甲的自吹自擂、潘三的弄权贪污等也让人印象深刻。在他们身上，功名富贵外化为了市侩主义，作家的嘲讽同样跃然纸上。

这些人物呈现出万花筒般的艺术魅力，又指向共同的主题，小说利用这种剖面式的人物结构，立体地展开了小说的主题，使这种反思和批判冲破了个人的命运悲剧的局限，反映出时代的整体的精神困境。

　　可见，八股取士的科举制度不过是把功名富贵体系化的工具，真正支配人生悲喜的大手从来都是功名富贵！正如闲斋老人在《儒林外史·序》中所说："其书以功名富贵为一篇之骨：有心艳功名富贵而媚人下人者；有倚仗功名富贵而骄人傲人者；有假托无意功名富贵自以为高，被人看破耻笑者。"这样，我们就摆脱了"批判科举制度"这样的概念化的窠臼，完成了对小说主题的深化认识。我们也就能明白，虽然科举制度已经淹没于历史的尘埃之中，但是《儒林外史》仍值得被人一读再读的原因。

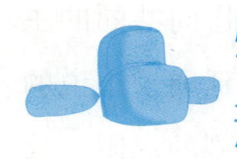

感悟讽刺魅力，探究作品艺术规律

《儒林外史》常读常新，不仅在于其主题价值能够穿透时空，也在于其"戚而能谐，婉而多讽"的讽刺艺术。《儒林外史》是中国古典讽刺小说的高峰，对后世讽刺文学影响深远。那么，作家是如何实现"戚而能谐，婉而多讽"的呢？这个过程揭示了怎样的艺术规律？读出这些，我们就能从阅读一部作品走向阅读多部作品，提升自己的阅读鉴赏力。

于真实中见讽刺

首先，吴敬梓以高超的艺术技巧创造了感人的艺术真实，在小说的微观细节中实现了艺术的真实。鲁迅先生曾说，讽刺的生命是真实，不必是曾有其事，但必须是会有的实情。越成熟的讽刺艺术越能表现出强烈的真实感。《儒林外史》中描绘了近两百个人物形象，作家脱离了《三国演义》写人

宏微关照
见微而知著

"欲显刘备之长厚而似伪，状诸葛之多智而近妖"的泥淖，继承了春秋笔法、皮里阳秋的史家之法，做到了"爱而知其恶，憎而知其善"，对现实生活中的平凡人进行了真实的刻画。

> **文学小窗**
>
> 春秋笔法：相传是孔子在修订鲁国史书《春秋》时首创的一种文章写法。指行文中不直接阐述对人物和事件的看法，而是通过对细节、修辞、词汇等的选取委婉而微妙地表达作者的主观思想倾向和看法。简言之，就是寓褒贬于曲折的文笔之中。

于矛盾中见讽刺

其次，在真实的基础上，作家把相互矛盾的事物放在一起，构建艺术冲突，突出它的不合理；构建闹剧，引人深思。例如严监生。严监生一直以来都被当作中国古典小说中吝啬鬼的典型。事实上，吝啬只是作家赋予严监生的底色，在这种底色的衬托下，小说写出了他复杂的人性。他极端吝啬，所以看不惯哥哥的所作所为，"像我家还有几亩薄田，日逐夫妻四口在家里度日，猪肉也舍不得买一斤，每常小儿子要吃时，在熟切店内买四个钱的哄他就是了。家兄寸土也无，人

儒林外史
儒林深深，兴味几许

口又多，过不得三天，一买就是五斤，还要白煮的稀烂；上顿吃完了，下顿又在门口赊鱼。当初分家，也是一样田地，白白都吃穷了"。他抱怨一通，却还是出钱为哥哥料理了官司。他替哥哥出钱，却不是因为兄弟情深，只是因为他是个"胆小有钱"的人，他不敢得罪哥哥，也不敢得罪官差。这里就写出了他胆小懦弱的一面。同时，他自己生病"舍不得银子吃人参"，正妻王氏病后，"每日四五个医生用药，都是人参、附子"，他毫不含糊。王氏死后，他深情悼念，"伏着灵床子，又哭了一场"，这不是做戏的眼泪，诚如闲斋老人的评语："此亦柴米夫妻同甘共苦之真情。"这里又写出了他具有人情的一面。他抱病时还"每晚算帐，直算到三更鼓"，既写出了他精于算计的一面，也表现了他为了家业殚精竭虑的苦心，因为他"儿子又小，你叫我托那个"？由于"监生"比不上"贡生"，所以他至死都怕严老大。他活得卑微，死得窝囊，临死之前托孤给两个舅爷，特别叮嘱要"教他读读书，挣着进个学，免得像我一生，终日受大房里的气"！人物的复杂性赋予了人物真实性，更易激发读者的共鸣，人物的矛盾性又引人思考，小说就实现了犀利的讽刺。

吴敬梓的《儒林外史》对后世的讽刺文学产生了深远的影响。在阅读这部作品时，关注这些细微之处，感悟作家高

宏微关照
见微而知著

超的艺术技巧，并且上升到对艺术规律的认识，能够提高我们的艺术鉴赏力，这种能力也将迁移到我们阅读其他作品的过程中去。例如我们再读鲁迅的作品，读《围城》也许就能从中读出《儒林外史》的影子。

　　小说的细节是作家匠心独运的有意为之，在情节的跌宕起伏中，在人物悲欢离合的遭遇中，都暗含着作家的创作目的，作家的艺术技巧也蕴藏在一个个精心的设计当中。我们要想读得深入，就要关注小说的精微之处，只有这样，对作品的理解才会深刻，才能真正读懂作品的宏观主旨，读出作品的伟大，才能读出自己的感受，品出自己的滋味来。

延伸思考

在我们的生活中，还有没有周进和范进？

资源整合

《儒林外史》的多种打开方式

一本书有多种打开方式。从不同的角度和层面剖析作品，有助于我们获得对作品的全面的理解。本章从专题探究、拓展阅读、试题链接等方面入手，整合课内外资源，拓展阅读角度，高效推动整本书阅读。

整本书阅读专题探究

和伙伴们一起读《儒林外史》，选择自己喜欢的某个专题进行探究。以下专题供参考，也可以自行设计专题。

专题一：故事分享会

《儒林外史》这部小说写了许多人物的故事。其中有些故事篇幅稍长，展现了人物多个性格侧面，有些故事则寥寥数笔，但都含义深远，韵味悠长。选择一个你最喜欢的故事，讲给大家听。

1. 梳理故事情节，准备一个简要的提纲。

2. 讲述时既要抓住故事梗概，也要注意加入一些生动的细节，让自己的讲述更有吸引力。

3. 注意体会故事中包含的作者的情感态度，努力在自己的讲述中体现出来。

专题二：讽刺艺术探究

《儒林外史》的讽刺艺术一向为人称道。选择书中的一个主要人物，细读有关章节，看看作者在刻画人物的过程中，运用了哪些讽刺手法，产生了怎样的讽刺效果。写一篇小短文，谈谈你对《儒林外史》讽刺艺术的体会。

阅读时要注意以下几点：

1.《儒林外史》善于通过描绘人物的言行揭示其精神世界，"无一贬词，而情伪毕露"（鲁迅语）。阅读时，要抓住意蕴丰富的细节，准确把握作者对人物的态度。

2. 阅读时，可以边读边做批注，画出让你有所触动的语句，作为分析的材料；也可以阅读前人的评点或研究、评论《儒林外史》的著作，深化自己的理解。

3. 作者通过众多人物形象，表现了其对科举时代士人的社会生活进行的深刻反思，阅读时要注意体会。

专题三：续写故事

《儒林外史》中没有贯穿全书的核心人物。书中的人物常常在登场数回之后，旋即退场，从此不再出现。他们退场之后的生活将会如何，又会有哪些故事？选择书中的一个人物，

儒林外史
儒林深深，兴味几许

发挥想象，续写他的故事。以下几点续写建议供你参考：

1. 打开思路，天马行空，尽情想象，不妨设置一些悬念，让故事更吸引人。

2. 人物刻画和情节设计要合理，不能脱离原著。

3.《儒林外史》特别善于通过富有意味的细节来塑造人物、揭示主题，尝试在自己的写作中使用这种笔法。

拓展阅读推荐

一、讽刺类小说

　　钱锺书《围城》

　　［英］乔纳森·斯威夫特《格列佛游记》

　　鲁迅《白光》

　　［俄］契诃夫《小公务员之死》

　　［美］马克·吐温《竞选州长》

二、评论性文章

　　鲁迅《中国小说史略·清之讽刺小说》

　　吴微《投向科举制度的匕首》

试题链接

常考考点

近年中考对《儒林外史》的考查，主要集中在以下几个方面：

1. 分析重点情节。如梳理、概括情节内容，分析情节作用，分析作者意图，梳理人物关系等。

2. 分析典型人物形象。结合具体情节，概括人物形象及其社会意义。

3. 鉴赏讽刺手法。结合具体人物及情节，分析讽刺手法的运用。

4. 探究作品主题思想。分析作品的故事背景和主题。

常见题型

近年中考,《儒林外史》常考的题型主要有选择题、填空题、简答题、片段赏读题。选择题、填空题侧重考查对文学常识、文本细节的掌握。简答题侧重考查对名著中经典情节、典型人物、艺术手法、主题思想的个性化解读。片段赏读题多通过设置阅读情境,选取经典片段,考查结合文本进行阅读分析的能力。

试题

分析重点情节

1. 2023年天津市中考真题

在"阅读方法研讨"活动中,李明同学分享了借助批注阅读中国古典名著的方法。他展示了《儒林外史》第三回中的一处批注,请同学们思考以下问题。

【原文】范进不看便罢,看了一遍,又念一遍,自己把两手拍了一下,笑了一声道:"噫!好了!我中了!"说着,往后一交跌倒,牙关咬紧,不省人事。

儒林外史
儒林深深，兴味几许

【批注】范进之"不省人事"，喜也，喜由悲来；周进之"不省人事"，悲也，悲极喜生。

同样是"不省人事"，但是一喜一悲。批注者为何认为范进是"喜由悲来"，周进是"悲极喜生"，请你结合作品相关情节回答。（2分）

答题思路

该题考查对具体情节的概述，需联系相关情节进行分析。范进五十四岁才考中秀才，后来参加乡试，得中举人。中举之前，他受尽了屈辱，就连自己的岳父都骂他道："不要失了你的时了！你自己只觉得中了一个相公，就'癞虾蟆想吃起天鹅肉'来！"众位乡邻也多拿他取笑。得知自己中举，屡次不第的挫败、忍饥挨饿的辛酸、受尽冷眼的屈辱……这一切的情绪一下子涌上心头，让他悲喜交加，喜极而疯。周进出场时，已经六十多岁，却依然还是个童生，饱受秀才梅玖和举人王惠的冷嘲热讽。不久，周进丢了饭碗，只好给一伙商人当账房。可以说，此时的他已到了科场梦醒之时。当他进省城路过贡院的时候，他多年的心结被触动了。但他是童生，不能进入贡院，看门人用鞭子将他打了出来。当几个商人花了几个小钱同他参观贡院时，大半生追求功名富贵却求

之不得的辛酸悲苦，以及遭受侮辱欺凌却只能隐忍的委屈悲愤一下子倾泻而出。后来，几个商人又帮助周进捐了个监生。不久，周进凭着监生的资格考中了举人。因此说周进是"悲极喜生"。

答案

范进中举后狂喜至"不省人事"，是因为这突如其来的喜讯一下子勾起了他内心复杂的情感，有屡试不第的挫败，有忍饥挨饿的辛酸，有受尽冷眼的屈辱……这一切在他狂喜之时一齐涌上心头，因此说此时的范进是"喜由悲来"。周进参观贡院时看到号板，悲从中来，撞板至"不省人事"，但因此却得到了几个商人的资助，并最终获取了功名，因此说周进是"悲极喜生"。

2. 2022年云南省昆明市中考真题

打开《儒林外史》，我们发现匡超人的变化与他结交的朋友有关。请你从下图匡超人的朋友圈中选择一人，结合相关情节，说说此人对他的影响。（3分）

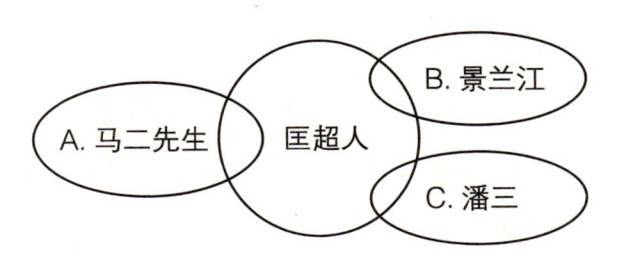

答题思路

该题考查情节关联和人物关系,需结合原著内容梳理三人与匡超人的关系,分析其对匡超人产生的影响。A.马二先生:匡超人原本是一个农村青年,孝顺,淳朴,勤奋,对于科举考试的意义并没有太多了解。马二先生是远近闻名的大选家,科举考试的资深研究者,他知道怎样写好科举文章,也知道科举的意义何在。所以当衣衫褴褛的好学青年站在马二先生面前时,他便产生了帮助匡超人的念头,还要在科举路上给他指出一条捷径。马二先生是匡超人醉心于科举,把科举当作唯一出路的引导者。B.景兰江:匡超人在杭州偶遇了一群不学无术、只知道高谈阔论的狐朋狗友,这些人以景兰江、赵雪斋为代表,他们是匡超人性格转变的催化剂。景兰江这些人是当时社会上一批自诩为读书人,实际上只知道相互吹捧却毫无真才实学的假名士的代表。他们在封建科举制度的束缚下,浑身上下都充满了迂腐的味道,互相吹捧彼此的文章以赢得虚名。匡超人虽然为人聪慧,但是没有识人的能力,他误把这些人当成知己,整天和他们一起夸夸其谈,还把他们的一些歪理和旁门左道之术当作立身之本,从而使自己本来纯粹的心灵被玷污了。C.潘三:潘三是一个恶霸,他彻底扭曲了匡超人的三观,扬言让匡超人跟着他赚大钱,

过上好日子。匡超人本就立场不坚定，便抛弃了先前的儒生朋友，甘愿做起了恶霸的帮凶。匡超人最终彻底放弃了读书考取功名的正途，走上了犯罪的道路。

答案

示例一：我选 A。马二先生送给穷困潦倒的匡超人钱财衣物，让他能回乡看望重病的父亲，还一再劝说匡超人要努力进学，光宗耀祖。在马二先生的影响下，匡超人踏上了科考之路。

示例二：我选 B。景兰江带匡超人参加西湖诗会，匡超人听到西湖名士们谈论名利，才知道读书人除了做官以外，做个名士也是很风光的。这让他对名利心生羡慕。

示例三：我选 C。潘三带匡超人看别人赌钱，让他伪造文书、替人考试。在潘三的引诱下，匡超人一步步丢掉了做人的底线。

分析人物形象

1. 2022 年浙江省湖州市中考真题

假如长大后的王冕从书客那里买的书中包含了以下作品，你认为王冕可能会喜欢哪一篇？结合你对这篇作品和小说中王冕的认识加以回答。（3 分）

A.《爱莲说》（周敦颐）

B.《饮酒（其五）》（陶渊明）

C.《陈涉世家》（司马迁）

答题思路

该题考查对王冕这一人物形象的认识。在把握王冕形象的基础上，需理解选项中三部诗文作品的内容及主题，并将两者结合，进行分析。《儒林外史》中的王冕，志向高洁，鄙弃功名富贵，拒绝做官，不与统治阶级同流合污，是远离世俗的隐士。王冕的德行与周敦颐、陶渊明相似。《爱莲说》以莲花"出淤泥而不染，濯清涟而不妖"的形象表现作者洁身自好的高洁品质，《饮酒（其五）》表现作者远离世俗、归隐田园的悠然心境，因此推断王冕会喜欢这两部作品。而《陈涉世家》描写了农民起义，与王冕不求富贵功名、与世无争的形象不符，因此他不会喜欢阅读。

答案

示例一：我选A。王冕一生坚守自我，不与世俗同流合污，洁身自好，这与周敦颐笔下"出淤泥而不染，濯清涟而不妖"的莲的形象相似。他可能会喜欢这篇。

示例二：我选B。在《饮酒（其五）》中我们看到一个辞

官归隐、悠然自得的陶渊明。王冕一生淡泊名利，隐居避世。他们的志趣相似，王冕可能会喜欢这篇。

2. 2021年广东省中考真题

阅读下面的名著选段，完成下面题目。

说着，汤相公走了进来，作揖坐下。说了一会闲话，便说道："表叔那房子，我因这半年没有钱用，是我拆卖了。"虞博士道："怪不得你。今年没有生意，家里也要吃用，没奈何卖了，又老远的路来告诉我做嘎？"汤相公道："我拆了房子，就没处住，所以来同表叔商量，借些银子去当几间屋住。"虞博士又点头道："是了，你卖了就没处住。我这里恰好还有三四十两银子，明日与你拿去典几间屋住也好。"汤相公就不言语了。杜少卿吃完了酒，告别了去。那两人还坐着，虞博士进来陪他。伊昭问道："老师与杜少卿是甚么的相与？"虞博士道："他是我们世交，是个极有才情的。"伊昭道："门生也不好说。南京人都知道他本来是个有钱的人，而今弄穷了，在南京躲着，专好扯谎骗钱。他最没有品行！"虞博士道："他有甚么没品行？"伊昭道："他时常同乃眷上酒馆吃酒，所以人都笑他。"虞博士道："这正是他风流文雅处，俗人怎么得知！"储信

儒林外史
儒林深深，兴味几许

道："这也罢了；倒是老师下次有甚么有钱的诗文，不要寻他做。他是个不应考的人，做出来的东西，好也有限，恐怕坏了老师的名。我们这监里有多少考的起来的朋友，老师托他们做，又不要钱，又好。"虞博士正色道："这倒不然。他的才名，是人人知道的，做出来的诗文，人无有不服。每常人在我这里托他做诗，我还沾他的光。就如今日这银子是一百两，我还留下二十两给我表侄。"两人不言语了，辞别出去。

（节选自《儒林外史》）

（1）下列有关虞博士的四件事，按发生的先后顺序排列正确的一项是（　　　）。（2分）

①答应给汤相公银子去典屋住　　②主祭泰伯祠
③补南京国子监博士　　　　　　④救助落水的庄农人家

A. ①③②④ 　　　　　　　　　B. ②①④③
C. ③④②① 　　　　　　　　　D. ④③①②

（2）吴敬梓320周年诞辰之际，某校文学社刊物开设《〈儒林外史〉真儒风采》栏目，请结合原著，完成下表。（4分）

"真儒"推荐表	
推荐人物	推荐理由
1　虞博士	他中进士后如实上报年龄，为遭污蔑的杜少卿辩解，可见他是光明磊落、仗义执言的真儒。
2	

说明：推荐的人物不得重复。

答题思路

第1题考查对情节的梳理。虞博士的故事，集中在《儒林外史》第三十六回中。可根据故事情节判断顺序。

第2题设置情境，考查对人物形象的分析。"真儒"即具有真才学、真性情的儒生。根据推荐表中对虞博士的推荐理由示范可知，推荐语应有具体事迹和人物评价。《儒林外史》中的"真儒"有杜少卿、庄绍光、迟衡山等。可选择自己熟悉的人物，并填写推荐理由。

答案

（1）D

（2）示例一：

推荐人物：杜少卿。

推荐理由：他厌恶乡里那些虚张声势的腐儒，称他们"未见得好似奴才"；皇帝征辟，他装病拒绝出仕。由此可见他率真豪放、傲岸不羁、淡泊名利的真性情，他堪称真儒。

示例二：

推荐人物：庄绍光。

推荐理由：他不与太保为伍，义救卢信侯，辞爵还家，可见他是正义善良、淡泊名利的真儒。

鉴赏讽刺手法

1. 2022年江苏省徐州市中考真题

小语所在的班级开展《儒林外史》研读实践活动，设计了以下活动内容。（4分）

活动一：《儒林外史》课本剧表演。

他们对原著内容进行了改编，下面是改编后的部分剧本内容：

第一幕

严贡生：实不相瞒，小弟只是一个为人率真，在乡里之间，从不晓得占人寸丝半粟的便宜，所以历来的父母官，都蒙相爱。

（一个蓬头赤足的小厮，走了进来。）

小　厮：老爷，家里请你回去。

严贡生：回去做甚么？

小　厮：早上关的那口猪，那人来讨了，在家里吵哩。

严贡生：他要猪，拿钱来。

小　厮：他说猪是他的。

严贡生：我知道了，你先去罢，我就来。

第二幕

王小二：冤枉啊，冤枉啊，请大人替我们做主！

知　县：带上来！

王小二：大人有所不知，那口猪，原是_____。现在猪长大了，又错跑到严家。我哥去讨猪，严贡生又要按市值估价，必须拿银子才能把猪领回。我们是穷人家，哪有银子，就同他争吵了几句，却被他的几个儿子，拿拴门的闩，擀面的杖，打了一个臭死，我哥的腿都被打折了，睡在家里，所以小二来喊冤。

（1）请你以王小二的口吻为第二幕空白处补写恰当的内容。（2分）

（2）以上选编情节极具讽刺性，请进行具体分析。（2分）

答题思路

第1题考查对作品情节的掌握。改编的这两幕戏，是严贡生强占邻居家的猪，还把人打伤，邻居的弟弟王小二为此告到了县里。根据改编后的上下文语境，可知补写的内容是王小二给知县大人讲述那口猪的来历及事情的前因后果。根据原著情节，那口猪原来是从严贡生家买的。

第2题考查讽刺手法的鉴赏。讽刺是运用夸张、对比、细节描写等手法对人或事进行揭露、批判或嘲笑的一种手法。《儒林外史》是中国古典讽刺文学的佳作。选编第一幕中严贡生先自夸"为人率真，在乡里之间，从不晓得占人寸丝半粟的便宜，所以历来的父母官，都蒙相爱"，结果小厮紧接着来报"早上关的那口猪，那人来讨了，在家里吵哩"，这是通过人物言行对比，表现了严贡生表里不一、虚伪无赖的本质，凸显了作品的幽默诙谐。

答案

（1）示例：严贡生家的，跑到我家，他说猪跑到人家再寻回来最不利市，让我们出钱买。

（2）选编情节运用了对比的手法来表现讽刺性。严贡生标榜自己"为人率真""从不晓得占人寸丝半粟的便宜"。这句话刚说完，便闹出敲诈人家钱财的丑剧。这种言行相悖的对比，突出了其虚伪、贪财和残暴，讽刺效果可谓入木三分。

2. 2022年新疆维吾尔自治区中考真题

不同的讽刺笔法，让作品具有多姿多彩的艺术风格。请结合具体语段说说《儒林外史》讽刺手法的运用。（4分）

语段一："……不瞒二位先生说，此五省读书的人，家家隆重的是小弟，都在书案上，香火蜡烛，供着'先儒匡子之神位'。"牛布衣笑道："先生，你此言误矣！所谓'先儒'者，乃已经去世之儒者，今先生尚在，何得如此称呼？"匡超人红着脸道："不然！所谓'先儒'者，乃先生之谓也！"牛布衣见他如此说，也不和他辩。

语段二：席上燕窝、鸡、鸭，此外就是广东出的柔鱼、苦瓜，也做两碗。知县安了席坐下，用的都是银镶杯箸。范进退前缩后的不举杯箸，知县不解其故。静斋笑道："世先生因遵制，想是不用这个杯箸。"知县忙叫换去，换了一个磁杯，一双象箸来，范进又不肯举。……知县疑惑他居丧如此尽礼，倘或不用荤酒，却是不曾备办。落后看见他在燕窝碗里拣了一个大虾元子送在嘴里，方才放心……

语段三：牛玉圃道："只为我的名声太大了，一到京，住在承恩寺，就有许多人来求，也有送斗方来的，也有送扇子来的，也有送册页来的，都要我写字、做诗；还有那

儒林外史
儒林深深，兴味几许

分了题，限了韵来要求教的。昼日昼夜，打发不清。才打发清了，国公府里徐二公子，不知怎么就知道小弟到了，一回两回打发管家来请。——他那管家都是锦衣卫指挥，五品的前程……"

答题思路

该题考查对作品讽刺手法的鉴赏。《儒林外史》中多运用细节描写、夸张、设置矛盾冲突、对比等手法达到讽刺目的。语段一中写匡超人红着脸道："不然！所谓'先儒'者，乃先生之谓也！"这描写了匡超人面红耳赤地反驳牛布衣的细节，明明自己学识不足，却还要强行辩解。通过这一细节，讽刺了匡超人的虚伪无耻。语段二中"落后看见他在燕窝碗里拣了一个大虾元子送在嘴里"是一处细节描写。联系"知县疑惑他居丧如此尽礼"可知，范进老母去世，他遵礼制居丧，所以不用"银镶杯箸"。可范进在吃饭时，却"拣了一个大虾元子送在嘴里"。他到底遵不遵礼制呢？通过这一细节，讽刺了范进的虚伪做作。语段三中作者运用夸张的手法，描写了牛玉圃来到京城，拜访的人极多，且拜访的人身份很高。这明显是牛玉圃的自我吹嘘。通过夸张，讽刺了他贪图名利、好吹嘘的性格特点。

答案

语段一：写匡超人不知"先儒"一词的含义，闹出笑话，"红着脸"强行辩解，通过对其言行、神态等描写，讽刺其虚伪无耻的性格特点。

语段二：通过写范进席上"退前缩后的不举杯箸""又不肯举""在燕窝碗里拣了一个大虾元子送在嘴里"等细节，揭露其虚伪做作的丑恶嘴脸，极具讽刺意味。

语段三：写牛玉圃标榜自己受到世人的敬重，讽刺其贪图名利、爱吹嘘的性格特点，批判社会上读书人的不学无术。

探究小说主题

2021 年甘肃省武威市中考真题

读完《儒林外史》，班上同学展开讨论。甲说："《儒林外史》是典型的讽刺小说。"乙说："不尽然，它也在宣扬传统美德，树立了许多正面形象。"你同意谁的观点？请举例说明。（4分）

答题思路

本题考查学生结合名著内容探究小说主题的能力。《儒林外史》描绘了各类人士对于"功名富贵"的不同表现，一方面真实地揭示了人性被腐蚀的过程和原因，从而对当时吏治的腐败、科举的弊端、礼教的虚伪等进行了深刻的批判和

儒林外史
儒林深深，兴味几许

讽刺，一方面热情地歌颂了少数人物以坚持自我的方式所做的对人性的守护，从而寄寓了作者的理想。如果认为《儒林外史》是典型的讽刺小说，可以列举范进等反面人物的事例进行分析；如果认为《儒林外史》宣扬传统美德，树立了许多正面形象，可以联系王冕和杜少卿等正面人物的事例进行分析。

答案

示例1：我同意甲的观点。作者以犀利的笔锋、含蓄幽默的言辞，揭露封建知识分子追求功名富贵和封建官吏贪污受贿的真面目，抨击腐朽的科举制度和封建礼教。如对范进、高翰林、汤知县、严氏兄弟一类人物，作者无情地给予讽刺。

示例2：我同意乙的观点。作者以高超的笔法讽刺了范进、汤知县等人，但也树立了许多正面人物形象。如王冕懂事孝顺，勤奋好学，蔑视权贵；杜少卿仗义疏财，淡泊名利。他们都是典型的正面人物。